我的兩個媽

愛、力量與家的意義

Lessons of Love, Strength, and What Makes a Family

My Two Moms

查克・華茲、布魯斯・利特菲爾 合著
廖彥喬 譯

——獻給潔比（For Zebby）

目錄

My Two Moms

引言

My Two Moms

因為最近的一場演講，我回到了出生地——威斯康辛中部。我受邀到中部州立理工學院，分別向三個校區的師生演講：威斯康辛的拉皮茲、史蒂芬普穎特，以及我的故鄉，馬什菲爾德。在馬什菲爾德的演講結束後，我前往拉皮茲接受一位護理系學生的採訪，她想知道在醫院做醫療照護時，怎麼跟同性伴侶及其家人互動較好。

我跟這位年輕女性聊了一會兒，她解釋自己的弟弟也是同性戀，她非常關心父母親的感受和身心狀況；但我漸漸發現，她比她所表現出來的還要更虔誠。約莫聊了四十五分鐘後，她透露——用她的話來說，自己是個「耶穌迷」[1]，然而，她繼續解釋她所屬的非常小眾的信仰群體，相信同性戀是罪，但也認為同性戀者應有與同性結婚的權利。

我說了自己的故事。我如何被生出來、我媽媽們如何相遇、我媽媽泰莉被診斷出患有多發性硬化症（Multiple Sclerosis）——一種極具毀滅性的免疫系統疾病，使她只能以輪椅代步——我們全家人一同面對的挑戰，以及我們必須克服的種種法律障礙；我提到在她們二〇〇九年的婚禮上，我是伴郎，並在婚宴致詞。她問道如何讓像我這樣的家庭感到自在、怎麼稱呼重要的另一半，慢慢地，她也開始分享更多自己的故事。

阿曼達兩年前結了婚，在那個小型的宗教儀式上，只有她、她丈夫和牧師三個人出席。他們在經濟大蕭條剛開始時舉辦婚禮，因為負擔不起親朋好友都能參加的公開典禮，於是決定在能公開互許承諾前，都不申請結婚證書。我聽她敍述那段過渡期，在他們舉行宗教儀式後到公開結婚前，她都必須在稅單上勾選「單身」那一欄；「感覺好像我在說謊一樣，」她告訴我，接著停頓了一下，「這讓我很受傷。」

「是呀，」我說，我完全了解。「這是我媽媽們十五年來必須做的事，這也是全國各地同性戀伴侶每天必須面對的事。」

她看著我，眼神澄澈，「這是不對的。」她輕聲說。儘管身為一個異性戀，身為一個來自威斯康辛中部保守的女性基督徒，她了解我媽媽們的痛苦。

我點點頭，那一刻我意識到人們不需要是男同性戀、女同性戀、雙性戀、跨性別或擁有同性戀父母，才能知道並了解像我們這樣的家庭所被迫經歷的艱難。

我們只是需要去傾聽而已。

1　耶穌迷（Jesus Freak）指強調研究《聖經》、禁用毒品的狂熱青年信徒。

序章

My Two Moms

重要的先說在前頭：如果你是威斯特布路浸信會（Westboro Baptist Church）的弗雷德·菲爾普斯或宣稱同性戀比恐怖主義還危險的州議員莎莉·肯恩[1]，我建議你平靜、小心翼翼地把這本書放回架上，當做你從沒碰過它。希望你身邊沒有任何人發現，那你就能成功脫逃。

其他人請跟著我多停留幾頁。是的，即使你們認為我的想法「不自然」，或是可憐我「悲慘不幸」的家庭經驗，且深深相信我事實上就是個被虐兒，我都不期待自己的故事能說服你們每一個人能贊同以下的說法——同性戀不是一個「選擇」，或同性婚姻應該要合法化，甚至在我長大成人的過程中從未因媽媽們的性傾向而受到傷害。我保證我不會要求你參加同性戀婚禮、唱百老匯音樂劇，我也不會試圖拿同志運動倡議的目標把你洗腦（雖然如果我是同性戀，或同性戀真的有某種把人「掰彎」的詭計的話，我可能真的會這麼做）。不，這本書完全不是什麼陰險狡詐之計。

我想做的是，跟你談談我的家庭——我的妹妹，潔比；我的兩個媽媽，杰姬和泰莉；和我們的狗，喜爾多——以及在我生長成人過程中，我媽媽們教導我的種種價值觀。

約莫在十五年前，美國開始一連串針對同性婚姻與 LGBT[2] 人權的公共討論；同性戀公開進入穩定的親密關係、建立家庭，甚至透過領養或「人工」方式養育小孩。自然而然地，他們想要與進入婚姻的異性戀伴侶一樣，每天享有並使用公民權、自由權及法律保障，來保護他們摯愛的伴侶及小孩。

但是有些人不想要這件事發生。

不論是過去或現在，這都是爭議性極高、極為困難的議題——一個只會愈來愈大的議題，因為有愈來愈多的同性戀出櫃，穩定下來、建立家庭，並且有了小孩。自從這樣的對話開始後，已有不少人說了或寫了關於在「同性戀家庭」養育長大的小孩（順帶一提，我覺得這個分類很蠢。我媽並不住在同性戀的房子裡、開同性戀的車，或養一隻同性戀的狗——至少目前我們認為是這樣），但是身為同性戀的小孩，我們因為忙著長大——就算無須不斷向社會交代自己的家庭結構，青春期也已經夠苦的了——一直都沒有什麼貢獻；再者，即使保守估計，在美國共有兩百萬左右、雙親為**LGBT**的小孩，在我知道同樣被公開出櫃的同性戀養育長大的同伴中，我們沒有一個人是超過二十五歲的。

我不需要成為這本書的作者，我不是被訓練來做這件事或準備成為發言人的；我從來沒學過什麼潛移默化的黑魔法，我也沒有因為我媽媽們是誰而要求成為全國——還有，信不信由你——國際的媒體話題焦點。

我只是想要捍衛我的家庭。

如果那場演講在無人注目的情況下完成，或根本從未發表過，公聽會結束後我也就不必被迫回答懷疑論者的發問了。當然，在成長過程中我的確常常被問關於我媽媽

1 原書註：是的，莎莉．肯恩（Sally Kern）真的這麼說：http://bit.ly/qj5GV2.

2 **LGBT**是指女同性戀者（**Lesbians**）、男同性戀者（**Gays**）、雙性戀者（**Bisexuals**）與跨性別者（**Transgender**）。

們的問題，但這些問題通常都有修飾過，且大多不具侵略性；那些發問都非常有禮貌，不會造成任何困擾。若是屬於我這個世代的好奇寶寶，他們大多覺得雙親是同性戀沒什麼大不了。當我再長大一點，這些問題可能就慢慢減少、轉為稀稀落落的發問，接著幾乎完全消失。

但後來這一切都變了。自從我在公聽會上的演講被瘋狂轉載後，保守部落客和廣播主持人拆解我的講稿、逐字逐句地分析，以高傲、沒人性的姿態指涉像我這樣的人是「異端」和「受虐兒」。

這些全都只是為了回應一位青少年六百字、三分鐘的演講。

在二〇一一年一月三十一日星期一的傍晚，我在愛荷華州的首府狄蒙市，解釋我反對愛荷華眾議院的〈聯合決議第六號〉——一項重新定義愛荷華州的婚姻僅限於一男一女，因此排除未來同性伴侶行使民事結合可能性的《憲法》修正案；這也是在美國五十州及世界各地如火如荼進行的重要辯論。演講中提及我的家庭生活，我個人的成就，以及我在同性戀雙親養育下長大成人的一些觀察。但我完全沒想到這件事即將徹底改變我的生活。

隔天早晨，愛荷華眾議院民主黨將我的演講上傳至YouTube（在我不知情的情況下），到星期五以前，這支影片的點閱率已破百萬，而且被CNN、ABC、MSNBC及CBS報導。全國電視節目現場就在我媽媽的客廳裡報導我們的家庭生活，我還受邀上隔週的《艾倫脫口秀》（*The Ellen DeGeneres Show*）；當討論到那段演講影片被瘋狂轉載的速度時，一位 YouTube 發言人告訴當地報社說，這就如同達成了不可能的任務，非常不可思議；尤其是我根本不知道自己正在這麼做。

基於我仍無法完全解釋的理由——雖然其中當然包括各項事實，例如我是個異性戀男性、愛荷華人、美國童軍、在同儕中也是得體有教養的孩子——我，一個中介者，成為某個訊息，在支持與不支持 LGBT 人權的人們之間形成了廣大的迴響。

所以現在我們來到了這裡——我寫，你讀——一本回應關於同性戀伴侶或個人教養小孩種種問題的書。但我無法代表整個同性戀社群發言，因為不管你雙親的性別為同性或異性，童年經驗皆因人而異；舉例來說，除了我妹妹之外，我是我自己唯一知道擁有同性戀雙親、生理母親懷我時是單身狀態的小孩；而我也不需要告訴你，在愛荷華州、愛荷華市，跟在格林威治出生長大非常不同。這只是一個家的故事——雖然我希望這能激勵其他孩子分享他們的故事——也只是我一個人的思考和回憶。

這本書初步探索我媽媽們教導我的價值，這樣的價值根基於我的家，並且一路引領我成為鷹級童軍——美國童軍（Boy Scouts America, BSA）的最高級別——以及與我這樣的孩子有何關聯。

這本書也是回應所有那些說我「不一樣」的人。

雖然我一開始很猶豫是否要承認這個事實，但最終，我想我一直都是與眾不同的。

從我還是個小孩的時候，各行各業的人們總是不斷告訴我、提醒我這個「不同」，且他們現在仍這麼做；但是他們幾乎沒有定義過這個「不同」究竟為何？我想這其中的遲疑就在於，只要一有機會，我們的文化便渴望服從並與他人一致，在這樣的同質性中獲得滿足。

直到目前為止我是不同的，因為我有許多與同儕殊異的特性。譬如說，我是同性戀伴侶的兒子，藉由輔助生育技術受孕而被生產下來，美國大學入學考試的分數是前百分之一；我同時是美國鷹級童軍，自行創立小型企業，為一神普救派[3]教會教友，也是愛荷華州際辯論比賽冠軍。

不可否認地，我的家庭也與大多美國人認知的家庭相當不同。直至最近，兩個媽媽所組成的家庭結構才開始不被視為新潮，雖然仍有一群逐漸減少、但抗議攻擊強度漸增的人們鄙視這樣的家庭。這一群人會讓你相信，此差異可擴大並定義一切，使我媽媽們喪失公民婚姻權（雖然《愛荷華州立憲法》不同意），而我的家庭不配獲得「異性」家庭每天享有的所有權利保障。

然而，我媽媽們的同性戀伴侶關係，只是各種不同家庭樣貌中的其中一個面向而已。

我年紀還小時，我的家庭即經歷了慢性自體免疫性疾病的殘酷考驗。我媽媽泰莉在四十四歲時被診斷患有多發性硬化症，對當時九歲的我來說，完全無法理解這一切將會如何發展；於是，我們家又多了一樣與其他美國家庭大不相同之處：與多發性硬化症抗戰十二年之後，對我媽媽的病情唯一奏效的治療就是完全改變飲食習慣，所以你在我們家的櫥櫃與冰箱內找不到任何含有麩質的食物或乳製品。雖然——請不要告訴她這件事——你會在我的公寓內找到不少這類食物。

是的，我當然可以看見我的家庭有多麼不同，我也承認我自己的不同；但我必須坦承，我沒有辦法真的**感受到**這些不同。畢竟，我沒有可以拿來與我人生做比較的控制組，沒有可以拿來與當下做比較、「正常」擁有一個爸爸一個媽媽的記憶。雖然社會不時提醒我，我的家庭結構有多麼不同，我感覺就像被告知自己穿了不同顏色的襪子；是的，你可能不大喜歡它們看起來的樣子，但除了偶爾對這樣的美學不滿外，它會影響到你的生活嗎？

我知道襪子只是視覺上的舉例；被一對女同性戀伴侶撫養長大，與被一對異性戀伴侶撫養長大，兩者之間具有非常重大的不同。但我不覺得你有辦法跟我握握手、喝杯咖啡聊聊天，就發現我雙親的性別或襪子的顏色。事實上，雖然二十年算不上令人印象深刻、可做大膽宣示的時間長度，我仍要宣告，直到此時此刻，我所遇過的每一個人中，沒有任何人意識到我是被同性戀伴侶養育長大的。沒有任何一次。且這件事若在未來二十年內改變的話，我會非常驚訝。

但是，除了顯而易見的不同外，究竟有哪些重大的不同之處呢？這個嘛，我是從

3　一神普救派（Unitarian Universalism，簡稱 UU 或 UUism）是在二十世紀中葉由「一神論者」及「普救論派」兩大組織合併而成的基督教派，神學特性開放包容，強調珍惜創造性、自由、多元與互相連結。

我好朋友的爸爸身上學到怎麼刮鬍子，從《花花公子》雜誌上學到怎麼打領帶的；在申請印度簽證時，我必須向官員詳細解釋為何將「父親姓名」那一欄留白，因為我不知道他的名字——我從未遇過那位男人，也不打算見面；我雙親的性向，以及她們在基督信仰的背景下長大、卻又遭此拒絕在外的經歷，帶領她們找到教義更為開放寬容的一神普救派信仰，這也是另一種與大多美國家庭非常不同之處。

然而，當我在愛荷華州司法委員會〈聯合決議第六號〉的公聽會上，宣稱「我雙親的性傾向對我人格的內涵沒有任何影響」時，我不是在說謊，而是全心全意相信這是真的。畢竟，一個人的性向不能決定她或他對於歧視的回應；這個回應不是取決於你的膚色，你的性別，你的性向，或是任何不能改變的特質，而是取決於你抱持的信念與珍視的價值——**你人格的內涵**。

當我在寫這本書時，已經是愛荷華眾議院的演講、影片被瘋狂轉載的一年後了。而我依舊很難相信發生過的這一切是真的。當我收到希望我在政治場合、募款、班級和會議發表演說的邀請時，不禁要自問，像我這樣年紀還沒大到可以點啤酒的人，究竟可以說些什麼你不知道的事呢？但我在愛荷華及國內四處旅行時，曾有非常反對LGBT人權的人們告訴我，我的故事改變了他們的想法。過去一年，我意識到自己的經驗正在引發某種迴響——而這之間的關聯，我才剛剛開始了解。

我的故事其實可以從任何其他地方開始——我們家從威斯康辛搬到愛荷華、我媽媽泰莉與她交往多年的女友分手、愛荷華州同性婚姻合法的那一天、我從幼稚園跑回家告訴媽媽我想加入童子軍；但我最近才啟航的這趟旅程有個非常明確的起點。當愛荷華司法委員會的主席叫了我的名字，我深吸了一口氣，踏上眾議院的講台，開始捍衛我的家庭和我媽媽們的婚姻：

主席，晚安。我的名字叫做查克．華茲，我是第六代愛荷華人，愛荷華大學工程學系的學生，我是由兩位女性撫養長大的。

第一章　做好準備

My Two Moms

一直以來，我們家都是那種要坐在一起吃晚飯的家庭。所以當我在星期天晚上宣布自己正在準備隔天關於同性婚姻的公聽會講稿時，我們一家四口便開始熱烈討論；那時我妹妹潔比才十六歲，仍對於怎麼會有人反對我們雙親的結合而感到震驚；我的非生理母親（我也稱她「小媽」），杰姬，憑著身為童軍小隊媽媽保護他人的直覺，想知道誰可能會在場、有多少人會出席；我的生理母親（或「大媽」），泰莉，急切地想聽聽我寫了什麼，想幫我再潤飾一下。

我們家晚餐桌上的對話，就是我媽媽們為我及我妹的每日生活做準備，從提醒我們做功課、練鋼琴的簡單叮嚀，到教導我們如何面對學校霸凌這種較為複雜的任務；這些對話為我們建立起避風港和安全基地。

在晚餐桌上，她們介紹了由琳達．愛爾及理查．愛爾所寫的《教導孩子正確的價值觀》（*Teaching Your Children Values*）。家長可以使用這本書長達一年，用每個月不同的計劃來教導孩子種種價值觀，例如自我約束、堅持不懈、仁慈及誠實。當我年紀還很小時，每個晚上我們都會以當月教導的價值觀為例，互相分享；雖然我通常只是想到什麼就很快丟出一個例子，但在將近二十年的過程中，這些品德已在我心中潛移默化。我媽媽們賦予我分辨是非對錯的能力，也教導我這個世界幾乎沒有黑白分明的時候。

在晚餐桌上，她們仔細向我們說明泰莉的多發性硬化症病情，解釋她為什麼常常跌倒，為什麼有時會需要在主臥房躺一整天、痛到動彈不得。她們為我妹及我做好心理準備，描述往後這樣的病情會為我們家帶來什麼改變，尤其當泰莉的症狀進展到不同時期時，我們會看見更多不同的變化；她們也小心謹慎地透露，這樣的疾病無藥可醫。

在晚餐桌上，她們為我準備鷹級童軍的面試——這是年輕男性在獲得美國童子軍最高榮譽前的最後一關。杰姬考我童軍歷史，勳章、徽章與級別象徵的意義；泰莉測試我對於童軍座右銘、法規、誓詞及口號的熟悉度。我可以快速背誦這些紀律，正著唸、倒著唸，一邊輕輕拍著頭和肚子。

童軍座右銘：隨時準備。

童軍法規：童軍是信實、忠心、助人、友愛、有禮、善良、服從、樂觀、節儉、勇敢、整潔、虔誠。

童軍誓詞：以我的榮譽起誓，我將盡最大的努力，為上帝和國家盡我的義務，遵守童軍法規；隨時幫助別人；保持身體強健，頭腦清醒，道德高尚。

童軍口號：日行一善。

所以再一次，理所當然地，我們圍坐在晚餐桌旁，討論隔天晚上將要為婚姻平權辯護的講稿；雖然那時的我們既興奮又對此議題十分著迷，但沒人意料到接下來會發生的一切。

「等等，」杰姬說，「公聽會在明天？你昨天才開始寫講稿？」

「是——啊，」我拖著長音回答，臉上浮現「我還沒準備好」的招牌笑容。

「還有好多要準備。」她笑著說。

她不知道另一半的事實。我在公聽會舉辦的前四天才發現這個訊息；最後我只用了一點點我講給家人聽的稿子，持續修改至凌晨擬出一份新的草稿。在這十個小時期間，我完成了四項非常不同的工作，每一項分別聚焦於同性婚姻辯論的不同面向，才開始撰寫我最熟悉的部分：我的家庭。最後，我心滿意足地列印最終版本，收工。

隔天早上，當我站在鏡子前打領結的時候，童軍座右銘從我腦海中浮現：「隨時準備、隨時準備、隨時準備。」彷彿不知為何，我還沒做好準備；即使我在短時間內努力將講稿完成。某方面來說，這就像我整個人生在準備那天演講的過程中重新上演了一遍。我看了鏡子裡的自己，再次仔細檢視身上的西裝——因為今天下課後就得直接去狄蒙市了，沒時間先回公寓一趟。

我知道我將在公聽會上面對的人們——特別是那些站在「反方」的，不只會從我的發言來判斷我。他們將從頭到尾打量我每一處，檢查我的一舉一動，希望從中找到任何我媽媽們沒有好好把我撫養長大的一絲線索，好像「女同志教養方式」會以某種身體缺陷的形式顯現出來；異性戀父母的小孩在公聽會上絕對無法忍受被如此對待。

差得遠了。

就在二〇一一年一月的最後一個晚上，我爬進我那老舊的龐帝克[1]，一路開到狄蒙市，完全沒意識到自己即將要踏上的旅程。

我接上iPod，播放肯伊．威斯特的最新專輯。在我高中參與演講辯論社的經驗中，我發現要知道自己是否完全熟練，最好的方式就是一邊聽音樂一邊背稿。這就是我在前往愛荷華首府的路上練習講稿的方法，喃喃說著那些我完全不知道將要改變我人生方向的字句。

我把車停在狄蒙市235號州際公路往東十五街的地方。在遠方灰濛濛的雪花之中，我看見愛荷華國會大廈的金色圓頂，正在夜空中發出微微亮光；我找到一個停車位，開始前往即將引爆的一場唇槍舌戰，但我心神鎮定。身為一位辯論比賽的州冠軍，這是我難得能從個人觀點闡述論點的機會；身為一對已婚女同志伴侶的兒子，我已經發展出絕佳的防禦機制與敏捷的反應能力。

我已經準備好要捍衛我的媽媽們。

含蓄來說，同性婚姻是個極具爭議性的議題，會引起每個人熱切的反應，也常常會激發出我們最醜惡的一面。對於爭取婚姻平權的人而言，很容易便能指責反方盲從、無知及恐同；維護傳統婚姻的人很快就能將對手貼上標籤，視為倡導同志運動、神所憎惡的雞姦者或其他等等稱號；但現實情況並非如此簡單。事實上，兩邊的言論皆是來自於恐懼：一邊恐懼社會法律剝奪權利，另一邊害怕失去宗教傳統和所謂的社會常

1 龐帝克（Pontiac Grand Am）是美國通用汽車公司旗下品牌之一。

態受到攻擊。

當我站在國會大廈圓形建築之下，結結巴巴地默唸講稿時，那一晚的重要性仍是個未知數。在短短兩個小時的公聽會內，發言者那麼多，但每人卻只有寶貴的三分鐘，我覺得自己的演講可能根本不會被聽見；我跟另一位同性婚姻支持者邊聊天，邊焦慮地等著唱名。

當會議宣布我是第四個發言者時，我穿過愛荷華國會會議室門口，走進僅能站立的擁擠人群；我很快就注意到電視台攝影機，全部都對著發言講台，我沒有意識到演講會被錄影。**當然會錄呀**，我當時想，**這是同性婚姻的聽證會，不然你期待什麼呢？**

當然不是這個。

我唯一一次拜訪國會是在小學戶外教學，那時這個會議室是空的；現在，身為一個大學生，我發現這空間比我記得的大多了。今晚這裡擠滿了人，充滿一種無拘無束及不可預料的能量。

我知道自己很快就要上場發言了，於是找了個地點靠牆面站著；在愛荷華司法委員會主席，理查·安德森十分鐘左右的開場白後，輪到州立法委員自我介紹。

我對於有如此多政治人物在場感到十分震驚，如果知道會有這麼多立委，我一定會——我不知道，把皮鞋擦得亮晶晶之類的；我突然意識到自己比想像中還緊張。

當我被唱名時，我走向講台、轉身面對會議室，所有目光都集中在我身上；我深吸一口氣，雙手發抖，按下 iPod Touch 的計時器，我只有三分鐘可以發表演說。

主席，晚安。我的名字叫做查克．華茲，我是第六代愛荷華人，愛荷華大學工程學系的學生，我是由兩位女性撫養長大的。

當我的生理母親，泰莉，告訴她爸媽說她懷孕了、人工授精的方式成功了，他們完全不認可這件事情；事實上，直到我出生了，他們才屈服於我可愛的嬰兒模樣，卸下心防告訴我媽，他們多麼開心家裡又多了個孫子。遺憾的是，他們兩人在世時都沒能親眼見到我媽媽與她的伴侶杰姬結婚；她們在二〇〇九年時走入婚姻，至今十五年了。我唯一的妹妹在一九九四年出生，我們的生理父親是同一位匿名的精子捐贈者，所以我們的血緣完全相同，這對我來說是件很酷的事。

我想重點是，我們家與其他任何一個愛荷華的家庭並無兩樣。當我在家時，我們會全家人一起上教堂，一起吃晚飯，一起度假；但是，你知道，我們也有不開心的時候，也會吵架。事實上，我媽媽泰莉在二〇〇〇年時被診斷出患有多發性硬化症，這種極具毀滅性的疾病使她現在只能坐輪椅，我們也歷經種種困難。然而，你知道我們是愛荷華人，我們不期待別人為我們解決問題，我們自己上場打仗，我們只是希望政府平等公正地對待我們。

身為愛荷華大學的學生，同性婚姻的議題常常出現在課堂討論之中，最後總會有人提問：「同性戀真的有辦法撫養小孩嗎？」這時討論便會突然中斷，一陣沉默，因為大部分的人們沒有答案。這時我會舉起手，回答說：「事實上，我就是由一對同性戀伴侶撫養長大的，我表現得還不錯。」

我在美國大學入學測驗的排名是前百分之一，我是鷹級童軍，我擁有一家小公司並且自己經營。主席先生，如果我是你的兒子，我相信我會讓你感到驕傲；我跟你們的孩子沒有任何不同，我的家庭也跟你們的家庭別無兩樣。畢竟，你們家庭的價值不是來自於政府跟你們說：「恭喜你們結婚了！」不是這樣的，家的意義來自於我們承諾彼此，共度難關，所以才能享受美好的時刻；家來自於將我們緊緊相連的愛。

這才是家庭的意義。

所以，你們在這裡的投票不會改變我們，不會改變我們的家庭；而是改變法律如何看待我們、對待我們。你們在這裡投票決定愛荷華州史上第一次將歧視明文寫進《憲法》，這類的《憲法》在美國是最少被提案修正的。

你們正在告訴愛荷華人，「你們當中有些人是次等公民，沒有權利與你們所愛的人結婚。」所以，這次投票會影響我的家庭嗎？會影響你們的家庭嗎？

在接下來兩小時內，我確信我們會聽到許多「同性戀養育小孩會帶來傷害」這一類的言論，但在我十九年來的人生中，我沒有一次被別人發現我是由同性戀伴侶撫養長大的。

你知道為什麼嗎？

因為我媽媽們的性傾向對我的人格毫無影響。謝謝大家！

我記得自己走回原先靠牆的地點時，群眾為我歡呼，不過這是之後看了影片才確認的模糊記憶；我很確定我在飆汗，感謝神，當時的我決定穿了西裝外套。

三天後，我們家再度圍坐在晚餐桌旁，但不是為了吃飯，而是思考在客廳架設機器的攝影團隊會希望我們穿什麼。距離全國電視台現場直播還有一小時，不用說，我們沒有一個人知道自己正在幹嘛。

我們家共同經歷過不少風風雨雨，在多發性硬化症、法律挑戰、社會歧視等種種令人疲累不已的考驗中，成功向前航行；一路上我們也學到很多事情，為未來做好準備。

但我們對這件事還沒做好準備——根本連邊都沾不上。

訪談一結束，手機馬上就響了起來；是杰姬的媽媽，艾絲特奶奶打來的，八十二歲、住在威斯康辛中部、是位天主教徒的她，打過招呼後直接說了重點。她想知道為什麼我稱呼杰姬——也就是她的女兒為「媽媽」。杰姬在廚房餐桌拿著手機靠在耳邊，還穿著剛熨燙好的服裝，而我看著努力讓自己保持鎮定的她。

我的內心充滿了罪惡感。

因為我堅持這場訪談得是全家人，而不只是我一個人受訪。所以，儘管杰姬性格內向——人們大多在認識她之後就忘了這件事——也只好勉強答應參加；現在她正被迫向自己的媽媽解釋，為什麼我，她的兒子，會叫她「媽媽」。我很想插嘴說，艾絲特從未質疑潔比或是我叫她奶奶，但一感受到那通電話的緊張氣氛，我便沉默了。

被情緒淹沒的我不知該如何是好，所以就只是站在客廳裡，看著攝影團隊拆卸打光設備。突然之間，杰姬快速掛了電話，對談結束；我走向餐桌看著她，她的眼裡沒有任何淚水，但我可以感覺到她內心的挫敗。她看著我，會意地點了點頭，我將她摟在懷中。

這本該是勝利的時刻，或是場慶祝才對，但即使我們仍處於公聽會後四十八小時的快樂回憶中——我為了捍衛家庭的演講一再於全國電視台上播放，我媽媽們被這樣的愛與驕傲包圍著——但我所能感受到的卻是，我們還有很長一段路要走。

第二章　服從

My Two Moms

當我年紀還小時，我們會去拜訪住在愛荷華州東北部的露薏絲奶奶；泰莉的媽媽總是會有一拖拉庫的桌上遊戲給我們玩。一到她家我就會親她一下，然後往走廊的櫥櫃直直走去，在一堆五顏六色的箱子中挖寶。那裡當然有常見的遊戲，如大富翁，拼字遊戲和中國象棋之類的，但也有我的最愛——生命之旅（Life）。我想這也是露薏絲最愛的遊戲，因為她幾乎每次都會跟我和潔比一起玩。

這個遊戲重現一個人的生命旅程，從大學到退休生活，歷經工作、婚姻，也許還有小孩的階段；我想我這麼喜歡生命之旅的原因之一，就是你可以變成一個大人，因為小時候的我總是想趕快長大。此外，生命之旅有三大特色，與其他桌遊迥然不同。第一，它有小山、建築物等立體物件；第二，它有一座轉輪，就像**命運之輪**轉動——露薏絲奶奶最愛這個了；第三，它的棋子是各種顏色的迷你模型車，每個車頂都有六個洞，每一個玩家在遊戲過程中結婚或領養小孩時，就可以在車頂裝上藍色或粉紅色的「小人」。

我們第一次玩這個遊戲時，我大概只有七歲，一定還沒有任何性別概念；在玩的過程中我「結婚」了，拿了藍色小人放在副駕駛座上，就在代表我自己的藍色小人旁邊。

露薏絲奶奶看了我一眼，現在回想起來還滿好笑的。

「你確定這是你想做的？」她問。

「是呀，」我很有自信地說，我最好的朋友都是男生，廢話。

「這個嘛，」她說，沉思一會兒，「我想沒有任何規定說不行。」

「為什麼會有規定說不行呢？」我問。

露薏絲奶奶只是微笑。雖然我不一定會挑藍的，而潔比不一定會挑粉紅的，但露薏絲奶奶總是開心地挑了藍色小人坐在她旁邊，藉此回憶她那已經離世的丈夫，約翰爺爺。

在生命之旅中，她可以挑選任何她希望坐在身邊的人。

幾年前，當泰莉告訴父母親她正在研究人工受孕的方式，他們馬上跟她說這是個可怕的想法；在愛荷華鄉間長大、身為第十五代農夫的女兒，她知道父母不會為此雀躍，但她也沒有預料到會是輕蔑鄙視的態度，以及強烈的反對。她的媽媽甚至告訴泰莉，她不僅會有失去工作的風險，且社會將永遠不會接受女同性戀的小孩；她的爸爸則用以一句「妳真是他媽的瘋了」來結束那段她形容為「刺耳記憶」的對話。

但是泰莉·華茲總是那個給父母親建議的人，且她若知道自己是對的，便會堅持己見。在她九歲的時候，她向爸爸抗議將家裡的農場招牌改為「約翰·華茲和他兒子們」；這樣的命名模式在當時經營農場的習俗中十分普遍，但泰莉覺得「約翰·華茲一家人」比較合適，畢竟，如果她必須每天早上五點起床去農場工作——更不用提她媽媽努力不懈的付出——那他們的農場應該要能反映出這一點。約翰爺爺想了想，儘管剛開始抱持保留的態度，最後仍不情願地同意「約翰·華茲一家人」的確比較合適——但他拒絕改名，仍緊抓著習俗不放。

然而，這一回，她對自己的想法就沒那麼有自信了。如果爸爸是對的，是她真的瘋了呢？後來她與其他家族成員討論到這個難題時，她才真正下定了決心。她跟柯拉阿姨一起吃披薩時，柯拉有個十六歲的女兒，雪儂，及雪儂的幾個高中朋友，這些女孩說她們覺得小孩有個女同性戀媽媽沒什麼大不了的，然後（對我和我妹來說很幸運的是）泰莉相信了她們的話。

自從我媽開始撫養我，就一再敍說我是如何來到世上的故事。我是在非典型的情況下，歷經一連串有點驚人的事件、甚至造成公民行動後出生的。先是試管嬰兒胚胎植入失敗，嘗試人工受孕好幾次之後，接著，一九九一年，一位三十五歲、單身，住在保守威斯康辛中部的女同性戀醫生總算成功懷孕。

明白了嗎？

就像很多其他的女性一樣，泰莉·華茲總是想像自己成為一位母親；她想要體驗撫養孩子的快樂與挑戰，及所有與母職相關、使人生更為豐富的經驗。但她是個女同性戀，每一次嘗試社會都告訴她不行，使她成為人母的路途不但困難重重，且幾乎不可能成真。

一九八〇年晚期，泰莉在威斯康辛的馬什菲爾德當內科醫生，跟另一位女醫生約會；當泰莉提及自己希望有小孩時，那時的約會對象明白表示沒有這樣的打算，很快就跟泰莉分手了。接下來好幾年，泰莉便在想成為母親的念頭上反覆掙扎，懷疑自己能否以單親身份撫養小孩；如果她真的可以，那她的小孩是否能接受一位女同性戀母親？但這些問題，說穿了，沒有任何答案。此外，如果她真的決定要生小孩，到底該怎麼做呢？身為一個醫生，她知道生理時鐘一分一秒地過去，這不只是個隱喻而已，她等得愈久，成功懷孕的機率就愈低。她告訴我，她最終意識到這無關乎是否做出了正確的決定，而是一旦下了決定，就要承擔隨之而來的結果，並從中學習。

泰莉跟她朋友布魯斯——他們診所的生育專家，預約了門診；她覺得自己身為醫生且還有同伴可以幫忙，實在很幸運。但在看了捐精者的目錄後，泰莉得到了一個壞消息。原先她做超音波檢查是為了確認卵子已準備好可以授精，卻發現需要先動手術切除卵巢囊腫，才能順利懷孕；她的醫生擔心可能是癌症，不過後來確定是「充滿血液」的囊腫——我記得她是這麼告訴我的。泰莉沒有得癌症，但子宮內膜組織異位相當嚴重，完全堵塞住輸卵管，這意味著任何人工受孕的方式都不大可能——也許是完全不可能會成功。這件事挺有趣的，也可說是意義重大，因為就算泰莉當初與男人結婚，她仍無法以任何「自然」的方式懷孕。如果不使用生殖科技，如試管嬰兒胚胎植入或人工授精，那麼不管她的性傾向為何，她永遠也不可能成為一位母親。

泰莉開始在想，她媽媽可能是對的，也許她應該放棄懷孕這件事。

最後只剩下試管嬰兒胚胎植入這個選項了，她必須連續好幾週每天向醫生報到、照超音波及抽血。因為她工作的診所沒有試管嬰兒胚胎植入中心，泰莉找了一年才找到一家；那時布魯斯建議她去威斯康辛的麥迪遜大學，她也覺得可行，因為車程不過兩個半小時，便打電話到那家中心，找醫生談談。剛開始醫生的態度很友善，兩人以某種醫生對醫生談話的方式交換想法；後來，他問道：「妳先生有什麼樣的問題，所以才需要捐精者的精子呢？也許我們可以為你們找到一些改善的方法。」當她回答自己是以單親身份進行這件事時，他的語調馬上從溫和轉為冷淡，魯莽地說：「我們診所不**做**非法生產。」還沒等到她回應就馬上掛了電話。

泰莉在中西部找不到任何一家接受單身女性——更不必說是女同性戀——的試管嬰兒胚胎植入診所。幾個月後，在女性醫學研討會上，泰莉向她的同事提及那位醫生魯莽的態度，研討會上的女醫生們皆憤慨不已，其中一位來自舊金山加州大學的醫生發誓，她一定要帶泰莉去她們那裡的試管嬰兒胚胎植入診所。

現在她找到診所了，只要再挑選捐精者就行了。

泰莉每次提到捐精者目錄，就像是得獎公牛的育種目錄這件可憐事時，仍會忍不住大笑。她小時候在農場生活，她爸爸總會收到的那些目錄中，有公牛光鮮亮麗的彩色照片，列在公牛名字旁邊的還有其族譜、獎盃、獎狀、生養後代的數目與飼主的姓名；捐精者的目錄中沒有這樣的圖片，沒有族譜，且既然是匿名捐贈，也沒有名字。

泰莉只需要回答她偏好的捐精者特質為何，譬如膚色、瞳孔顏色、髮色、身高體重和教育程度等。異性戀伴侶通常會選擇與丈夫特質一致的捐精者，但這對泰莉來說不是個問題；她不大在乎捐精者的頭髮是棕色或黑色，捲的或直的，她只希望他至少念過兩年大學、身高要高；不只是因為她自己很高，也由於她想過，若小孩因為媽媽性傾向的緣故而被欺負的話，長高幾吋應該有點幫助。

她收到與自己期待符合的捐精者名單，但她僅能憑著每個人的短短兩行自述來做最後決定；她選了編號1033的捐精者，一位身高六呎五、正在念書的男子，未來希望成為稅務律師，也會打籃球和彈古典鋼琴。雖然泰莉知道機率渺茫，她仍然開始每天兩次在自己屁股上注射荷爾蒙；當她抵達舊金山時，每件事皆進展順利，醫生告訴她超音波照片看起來不錯，而她體內也生產了不少雌激素。

一九九〇年的萬聖節早晨，她走進了診所，先穿越過舊金山卡斯楚區，那裡滿是誇張打扮的男同性戀——包括扮裝皇后，各式皮革風，還有一位她記得「看起來像是剛逃離鄉巴佬合唱團[1]」的美國原住民。但當她抵達診所時，卻得到更多的壞消息；醫生告訴她，她的卵巢功能不全，只產出了兩三個可以授精的卵子，這樣的數量不足以進行試管嬰兒胚胎植入技術，所以取消了原定計劃，讓她採用一般傳統授精的方式，透過滴管[2]將精液注入；有鑑於她的輸卵管傷痕累累，授精成功的機率幾乎是微乎其

1　鄉巴佬合唱團（Village People）為七〇年代迪斯可代表團體之一，以同志族群為主要聽眾；最有名的曲子為〈YMCA〉。

2　原文為Turkey-baster，原指烤火雞時將調味料塗於火雞表面的烹調工具，為一細長玻璃管，頂端套有橡皮泵；後來引申為想成立家庭的女同志。此處純粹指自助受孕時將精液注入體內的滴管。

微[3]。結束後，她與幾個朋友共進晚餐，然後飛回威斯康辛。

那一晚泰莉回到家後，她在日記上寫著，是時候該放棄生小孩的夢想了。她非常確定懷孕的機率為零，所以根本也不覺得需要驗孕。

然後，奇蹟發生了，編號1033的其中一個精子千辛萬苦穿越那塌陷的輸卵管，成功與兩個卵子的其中之一結合。

泰莉．華茲——這位從愛荷華農村地區移居到威斯康辛中部的單身女同性戀醫生，懷孕了。

她馬上打電話告知父母親這個好消息，「爸，我懷孕了！」她坐在廚房吧檯對著話筒說，「我要當母親了。」

泰莉希望她爸爸說些話，什麼都好；但他什麼也沒說，只是不知所措的沉默。

「爸，你沒聽見我說話嗎？我懷孕了。」

最後她爸爸總算回答道，「這個嘛，妳有沒有聽說玉米漲價了？」

我想這說明了愛荷華人若感到不自在時，我們的話題不會轉向天氣，而是玉米的價格。

我在一九九一年七月十五日出生，我的名字是查克利亞（**Zacharia**），因為我媽相信以「**Z**」字開頭的名字強而有力，且查克利亞是個聽起來很專業、同時又有個「討喜暱稱」的名字。就像泰莉．華茲大多數的決定一樣，這個決定經過一番深思熟慮。真是感謝上帝，因為另一個她喜歡的名字是沃夫岡（**Wolfgang**）。

當泰莉從醫院帶著我回家後，她在當地報紙上翻找我的出生通告，但卻沒有任何消息。她以為醫院沒有提供訊息給報社，所以打電話到產房詢問；「華茲醫生，」他們說：「妳不知道報紙不會刊載單親媽媽生小孩的消息嗎？」她非常震驚，報紙怎麼能拒絕刊登公共資訊呢？她想也許不是報紙的問題，有可能是天主教醫院試圖以自己的價值觀來影響世界。

她打電話到報社，跟好幾個人談過後，總算與編輯接上線。「我們會放上各式各樣的通告，」他用很不耐煩的語調告訴她，「根據妳通告的尺寸大小來收費。」

「什麼？」她問，「報紙怎麼能拒絕刊登我兒子的出生通告呢？」

「不要表現得那麼驚訝，」他說，「我知道已經有人告訴妳，我們只刊載**合法**出生的小孩訊息。」她感到畏縮，又注意到那個提及合法性的字。她讓那位編輯知道，她不了解為什麼刊載她與她兒子的姓名，對報社來說會是個問題，因為兩者都是公開的官方紀錄；編輯說，基於「證明父母身份的潛在問題」及「保護小孩利益」的理由，除非他們知道這位女性已婚，不然報社有可能會需要承擔法律上的風險。我媽無法置信聽到這樣的回答，立即告訴他說她會聯繫律師，便掛了電話。

當她接到同一位編輯打來的電話時，仍感到極度不安，思考著接下來該怎麼做才好；編輯的聲音聽起來與他們第一通電話中完全不同。即使隔著電話，她仍能從焦慮

3 原文為 Mother of All Long Shots，有抽到籤王之意；此句作者原先用括弧解釋自己不是故意要用雙關語的（Mother 為母親的意思），但由於中文翻譯無法顯示其趣味性，故僅於註腳說明。

的說話速度得知對方十分緊張。「華茲醫生，妳當然是對的，」他告訴她，「如果妳不想要提及小孩的父親，我們仍可以刊登妳兒子的出生通告；不過我們已經錯過今天的報紙了，但我們會刊在星期五的報紙上。」

雖然激動不已，但泰莉．華茲沒有因為自己滿意就到此為止，她問編輯這是否表示報社的規定改變了，他迴避了這個問題，只是詢問我和我爺爺奶奶姓名的確切拼法。

她又問了一次同樣的問題。

他告訴她報社若要更改任何規定，必須由報社老闆們討論，會花很久的時間；不能直接放上她兒子的姓名就好嗎？這樣不是會讓她開心嗎？但泰莉從來就不是那種要求特別待遇的人，她很快回答道，她非常高興能花錢找一位律師來為所有沒拿到出生通告的單身母親辯護。

她成功了。規定改變了，報社和聖約瑟醫院都是。後來我媽發現，醫院的確有項不成文的規定，是不可通報未婚媽媽的生產消息。

那個星期五，馬什菲爾德史上第一次有了單親媽媽和她兒子登報：「『媽媽』泰莉．琳．華茲與『兒子』查克利亞．派翠克．華茲，驕傲宣布查克於一九九一年七月十五日星期一早上九點二十六分出生。」除了出生通告外，更棒的是我媽更改了報社的規定。雖然我忙著大哭跟吃奶，無法分享勝利的喜悅，但這真是令人開心的時刻。社論版的標題寫著：「現已接受刊登未婚生子消息！」文章的開頭為：「社會正在改變，而我們的政策也隨之改變。」這樣的社會現實以泰莉及LGBT社群想像不到的各種方式，在接下來的二十年內愈發顯明。

我媽將我的出生通告和社論寄給柯拉阿姨，附了張紙條寫著：「就在馬什菲爾德這裡，世界正在改變。妳知道嗎？我可以聽到歡呼聲從四面八方而來；我媽錯了，很多人覺得這是OK的。」

長大後，我發現也有很多人覺得這一點也不OK。

服從的價值

當我媽發現哪裡不對勁時，她總是自願要改變現況，即使別人覺得她只是在找碴；在如何改變不公平的規定這方面，她是個好榜樣。這樣的能力需要是非分明的觀念，審慎解決問題的特質，以及堅強的意志力——當你在每一個機會來臨，總是遭受拒絕與否定時，還能堅持下去。

她教導我，有些時候為了重要的事情，你必須強烈反抗社會習俗，質疑傳統存在只是因為自古皆然。但這不代表你必須違反法律，或徹底重新定義這個世界；她的意思是，服從與尊敬是好的，當你遵從的某件事是基於正確理由。

一九九〇年代，社會習俗說單身女性、女同性戀者不能當母親；社會習俗說未婚女性的小孩是不合法的；而在其他時空、其他地區，社會習俗告訴人們，妻子是丈夫的財產，婚姻是安排而來，太陽則繞著地球轉。雖然社會習俗是重要的，傳統的訓誡也很珍貴，但最終我們仍要為自己的決定負責，必須要由我們自己來判斷是非對錯，並依此而有所行動。

這是回應我在童軍時期的一些感想；那時我們被教導，即使一位童軍應該要服從他的社群、國家、家庭、學校及部隊的規定與法令，「如果他覺得這些規定與法令不公平的話，他應透過和平的方式試著改變，而不是違抗規定法令。」

我媽媽即是如此。雖然她逆流而上、想盡辦法懷孕生下我，但她沒有因此而不再遵守速限，或不繳稅以做為抗議；她仍然相信紀律嚴明的價值，維持良好的運動習慣，也不讓我變成一個偷懶的人。當我長大後，在愛荷華鄉間的小農莊長大的她，將她從父母親身上學到的一切傳承給我——我自動自發做作業，做家事，遵守宵禁，將玩電腦遊戲的時間控制在每天一小時內（大多時候）。

相信我，我不需要一個爸爸來教我如何服從。

某天晚上，當我媽下班回到家後，我們一起在附近散步。泰莉推著潔比的嬰兒車，我在她們旁邊蹦蹦跳跳，唱著我自己亂編的沒啥意義的歌；我剛掉了門牙，口袋裡裝錢，是我的新朋友牙仙子給我的。其中一句歌詞大概是：「喔，當仙女多有趣……」

我不知道「仙女」（Fairy）這個詞在當代脈絡中，通常是用來稱呼同性戀的貶義詞。那年紀，我根本不懂什麼「同性戀」。我正開心唱著仙女之歌，我媽在街上阻止我說：「嘿，查克，你不能那麼說。」

我很困惑，「為什麼？」我問，「當仙女有什麼不對？」

我還太小，她沒有辦法解釋兩者詞意的關聯。「查克，」她微笑著說，「你不會希望叫自己仙女的，好嗎？」我很尊敬她的聰明才智，所以相信她、服從她的要求，改唱別的曲子。

這種「因為我說了算」的說法偶爾是可以接受的，若父母親——或任何掌權者，在其他時候提出具有價值參考的解釋；我媽媽們會詳細解釋為什麼有些事我可以做或不准做，以及她們的思考過程為何，因此我們建立了強健、充滿信任的關係，也讓服從這件事變得容易許多。

另一方面，「因為我說了算」在法律上對任何事來說都是個貧乏的解釋；但，它又是法律上「婚姻神聖性」的核心論證。小甜甜布蘭妮五十五個小時的婚姻，金·卡達夏[4]七十二天的婚姻，都維護了「婚姻神聖性」，但我媽媽們長達十六年的承諾卻不算數？

為什麼？

因為我說了算。

4 金·卡達夏（Kim Kardashian），美國實境秀女星，二〇〇七年與NBA球星杭富瑞斯（Kris Humphries）結婚。

第三章　信實

My Two Moms

一九九六年十二月二十一日，泰莉．琳．華茲與杰桂琳．凱伊．瑞格兩人手牽手，公開互許終生。她們說：「我願意。」

杰姬和泰莉「正式」在我們教堂走道上牽著手，隨著《星艦迷航記：航海家號》（*Star Trek：Voyager*）電視影集主題曲往前走。她們在牧師與上帝的見證下交換誓言，在親友們面前宣布對彼此的承諾。

這是個歷經種種逆境的承諾。

若說後來杰姬就像單親媽媽般照顧我們家，雖然會是個誤解，但有時卻也相去不遠。我偶爾會想，如果杰姬在遇到泰莉時就知道未來將會如何，她是否會鞋跟一轉（不是指她總是穿高跟鞋），就往另一個方向走去。但我從沒問過她，也不需要問；因為當我日復一日看著杰姬，就已親眼目睹「承諾」代表了什麼意思。

她是個信守諾言的人。

杰姬總說在認識我媽之前，她就注意到她了。身高將近六呎的泰莉很難不引人注目；但杰姬真正記得的是在咖啡店見面的那一晚，當自己談著沃索市的生活及攻讀護理碩士時，泰莉毫不猶豫地坐在她右邊，點頭微笑。如果泰莉沒有在杰姬自言自語時別過頭的話，這或許能稱為一見鍾情，但杰姬後來發現，泰莉的聽力不大好，加上店裡的背景音樂，她根本聽不見杰姬在講什麼；所以努力聽了一會兒後，我媽最後決定也許轉頭聽聽音樂比較好。

雖然我不確定我從哪學到把妹的技巧，但可以肯定絕對不是跟我媽學的。

那一晚在泰莉離開前，杰姬仍然跟我媽要了電話號碼。幾天後，杰姬被指派要找女同性戀參與一項乳癌篩檢研究，於是杰姬護士決定打給華茲醫生——**那位**住在馬什菲爾德的女同性戀醫生——看看她是否認識任何可能參與的人。聊了聊後，剛單身的泰莉便提議某個下午在探索基地[1]與她的兩個孩子見面——非正式的約會；泰莉才剛歷經一場痛苦的分手，加上為了懷孕生下我妹而服用排卵藥物，所以心情就像坐雲霄飛車般起伏不定——那時她想，她可能得獨自撫養兩個小孩長大了。

杰姬知道分手的痛苦。

她告訴泰莉，交往五年的女人傷透了她的心。當杰姬發現對方外遇時，她們的信任基礎破裂，這段關係也隨之結束；杰姬當時的對象有四個小孩，她是孩子們的第二個媽媽，但卻被排拒在外、不准再與他們的生活有任何瓜葛。

在這件事發生的十年前，杰姬曾與一位年輕的男人訂婚。然而，訂婚後的幾個月，杰姬在自我探索的過程中決定，如果不能向親友坦承她的性傾向，那至少必須對自己誠實。她取消婚約，懷抱著沒有傷害到對方的希望，但明白自己做了對他們倆來說都是正確的選擇。

泰莉告訴杰姬編號 **1033** 捐精者的故事，以及當我六個月大、她去做產後檢查時，要再生一個小孩的決定；除了真的很開心能成為母親外，她也希望我有兄弟姊妹。跟

1　探索基地（Discovery Zone）是專門為小孩設立、有各式各樣休閒玩樂設施的室內場所。

她同一個診所的伙伴，布魯斯，建議她訂購同一位捐精者的精子，這樣一來小孩就會有同一個生理父親的血統，並先把精液儲存瓶冷凍起來，等她準備好了再使用。

在荷爾蒙治療過程中，她心力耗損、親密關係也幾乎消耗殆盡。使用編號 **1033** 捐精者的第十個、同時也是最後一個儲存瓶時，我媽懷了雙胞胎；其中一個十四週大時就走了，而她自己則在生產時幾乎失去性命。生產過程中她唯一記得的念頭是：「查克要變成孤兒了。」當她神智清醒後，才意識到自己並沒有死去，而我不但沒有成為孤兒，還有了個妹妹。

一開始還未進入關係時，我的兩個媽媽就說好，不管兩人之間的關係會如何發展，都必須奠基在誠實之上。有好幾個禮拜，泰莉不斷掙扎於自己是否要冒險與另一人共度餘生；她已平心靜氣地接受，未來就只有她、潔比和我三個人一同生活，說服自己單身也無所謂了。但她就是沒有辦法擺脫某個念頭，那就是杰姬．瑞格——那位擁有某種特別迷人的魅力，來自威斯康辛州沃索市的可愛護士。

某個星期六晚上，杰姬敲了敲門，加入我們一起用餐；餐後，我在地下室遊戲室騎三輪車，杰姬告訴泰莉她認為她真是個好媽媽，泰莉說自己蒙受許多祝福，看著我踩腳踏車時又說：「我從沒想過我會這麼愛一個男生。」

那一晚，杰姬睡在我房間多出來的床上，泰莉將潔比和我暫時安頓在她房內，天人交戰地想著自己人生的方向；她是在為我們著想，認為潔比和我已經夠大了，所以自己不應該再隨便約會。她覺得要不就經營一段正式的關係，要不就別進入任何一段關係。

隔天早上，我媽將潔比抱在懷裡，我們一起站在門口揮手，向開車離去的杰姬道別；這段關係其實早在開始之前就結束了。同一天，媽媽打電話向杰姬道歉，表示不知道自己要什麼，她解釋自己的情況很複雜，但真的很喜歡杰姬，而且也想——「好，」杰姬打斷了她的話，「等妳知道妳要什麼的時候，再打給我吧。」

根據杰姬的說法，她哭了整整一個禮拜，然後電話響了。「哈囉，」她說，第一聲鈴響便接起話筒。

「喔，」我媽開始說，「我……呃，我是泰莉，然後呃……我已經，嗯，下定決心準備好，那個，要跟妳約會。」我媽重複這段話時仍會大笑，「我那時在想，我只是要留言。」

杰姬總能很快就接話：「而我那時在想，**我將要跟這個人共度一生**。」

過了一年左右，正好是我媽媽們在一九九六年九月二十一日互許終生的前三個月，柯林頓總統簽署了《聯邦婚姻保護法》（Defense of Marriage Act, DOMA）。這個法案是由白宮發言人紐特．金里奇發起的——他當時有段婚外情；由柯林頓總統簽署——他後來因為隱瞞性醜聞而被彈劾；該法案以聯邦政府的名義，將婚姻定義為一男一女的結合，以保護婚姻的神聖性。

當異性戀伴侶在愛荷華州結婚時，因為聯邦政府的要求，他們的婚姻在其他五十個州都能獲得同樣的認可；這樣一來，已婚的異性戀伴侶在拜訪佛羅里達州或其他州的家人時，不會失去他們應有的權益。異性戀、堂（表）兄弟姊妹伴侶，可以從愛荷華移動到阿拉巴馬州結婚，在那裏他們的婚姻是合法的；愛荷華政府必須認可這對伴侶的結合，即使他們在愛荷華不符合結婚的資格。但是，我媽媽們若南下到阿拉巴馬州，即使她們在愛荷華符合資格、也結婚了，她們的婚姻卻不再被阿拉巴馬政府認可。在我寫這本書時，因為《聯邦婚姻保護法》的緣故，我媽媽們在美國四十二州的法律認定上，彼此仍是陌生人，沒有任何關聯。

我媽媽們的婚姻也不被雇主認可；她們的雇主是美國榮民事業部，為全國軍人提供聯邦政府的健康照顧服務。更糟的是，我媽媽們必須在稅單上勾選「單身」；法律現實是，**所有**的同性伴侶，不論結婚了沒，對聯邦政府及州政府來說都是「單身」的。此舉不但允許雇主及企業否認同性伴侶的配偶權，如健康保險，也使得同性戀者的家人擁有否定他／她的另一半出席配偶喪禮的權利，且在同性戀者過世後，拒絕讓他／她的另一半擁有小孩的監護權。

《聯邦婚姻保護法》開宗明義即宣布，該法是為了要「定義且保護婚姻制度」[2]，但它為**婚姻**這個詞所下的定義卻「意指限定一男一女成為一夫一妻的法定結合」[3]。

所以，聽清楚了，婚姻——就政府而言，跟承諾或愛情或責任或誠信一點關係也沒有；它並不浪漫，也不神聖，它只是一種法定結合和公民契約。句點。

這與我從我媽媽身上看見並學習到，那樣一起生活、彼此相愛十六年之久的婚姻，可說是天差地遠、完全不同。

婚禮，是以公開方式表達極度親密的行為；如同儀式本身對快樂的新人極富意義，婚禮也具有另一種目的，那就是向親友、向全世界宣布：「嘿，我們是相愛的兩個人，我們彼此互許終生，且希望你得知這個消息。現在，支持我們是你的工作囉！」

即使我媽媽們的儀式沒有任何一丁點的法律效力——沒有聯邦政府賦予已婚人士的一千一百三十八項福利當中任何一項，杰姬沒有醫院探視權、沒有遺屬社會保障、沒有遺屬福利，也沒有監護權的保障——這部分是最重要的；然而，她們所共享的對彼此的承諾，卻是千真萬確的。

她們結婚了，雖然這件事完全沒有賦予她們任何權益；除了我媽堅持杰姬要睡在客房，直到她們公開舉行結婚儀式後，才能搬到我媽的房間。

在我媽媽結婚後好幾個月，杰姬的母親拒絕跟她說話。直到兩年後，我們才一起到杰姬父母親的家裡過聖誕節，如同快樂（而且吵鬧）的大家庭。我們從沒見過杰姬的母親，艾絲特；當她一開門、而我們還未踏進屋內的時候，我就問：「妳覺得杰姬應該要嫁給一個男人，而不是嫁給我媽媽？」

艾絲特一點也沒被站在她面前的七歲小孩嚇唬到，她毫不猶豫地回答：「是的。」

2 原文為 Define and protect the institution of marriage。
3 原文為 Means only a legal union between one man and one woman as husband and wife。

杰姬瞥了她一眼，艾絲特奶奶很快又說了句：「怎樣？妳不希望我說謊吧，不是嗎？」

這是個充滿啟發性的一刻。杰姬當然不希望她母親說謊，艾絲特也明白這一點；誠實是她幾十年前即教導杰姬的價值觀，也是我媽媽們建立關係的基礎，深深紮根在我們的家庭裡。

誠實成為我生活重要的面向，也是童軍活動中非常主要的部分。所有的榮譽勳章與級別進展皆以童軍達成目標為準，且必須對自己的作為誠實；童軍必得誠實面對自己究竟完成了哪些要求，畢竟，若沒有真正的技術能力，頭銜又有什麼用呢？

不論我在做運動訓練，或追求童軍更高的級別時，我媽媽們總是很誠實地告訴我，如何才能獲得成功——成功必須是非常大的祝福與恩典；她們教導我，成功是一個選擇，你不可能永遠都贏；而我很高興她們不是那種灌輸小孩「每個人都是贏家」的家長，因為那並非真實人生運作的方式；如果你想成功，不管是錢財、運動競賽，或只是你有權利與相愛的人結婚，都必須誠實面對眼前的挑戰，以及必須努力才能達成目標的事實。不清楚這一點、無法誠實以對的話，我們就會迷失自我。

每一晚我們家都會一起用餐，盤中擺滿了食物，而我媽和杰姬會問我們過得好不好；在分享完我們生活中種種（非常有趣的）大小事後，潔比和我通常很快就開始討論《教導孩子正確的價值觀》這本書的當月價值觀，以便我們能趕快結束討論、專心吃飯。回想起來，我很高興媽媽們要我們思考這些價值觀，雖然在那時候它們就只是阻礙食物進到我的胃裡而已。

隨著我年齡漸長，我開始會問，是什麼讓她們決定要跟對方在一起？「她的牙齒，」杰姬開玩笑地說，咬了口雞腿；泰莉微笑著，看著餐桌另一邊的杰姬說，「我沒辦法想像自己跟其他人在一起。」在說笑之間，我看見的是她們因為價值觀相同、欣賞彼此的人格特質而決定進入婚姻。

我記得坐在餐桌旁，我媽媽們會幫我分辨對與錯的不同；幾年後，當潔比年紀夠大了，她們便重複同樣的教導。泰莉會問一連串的問題，目的是要我們分辨何者敍述為真。「天空是綠的。」她說。

「錯。」我回答。

「螞蟻比大象大。」

「錯。」我說。

「我們用眼睛觀看。」

「對。」我說。其實每個問句的答案都還滿偏離主題的；這只是為了要讓我們了解真假邏輯的練習。

書本中每一章的結尾都會有強調該章價值觀的練習；輪到誠實那一章的月底，我們按書裡所建議的，擬定了「誠實契約」——代表我們彼此承諾自己說的話永遠可被他人信任。誠實不只是我們在餐桌邊談論的東西，當我看著媽媽們每天真實活出自我時，她們也幫我形塑出真實的自我。

我朋友某次觀察到，我們記憶過去的方式——每個事件的特定回憶——即顯示出這些記憶如何影響今日的我們。如果我們無法誠實面對這些回憶、無法誠實看待自己的過去，又如何能在當下成功地航行，更何況是未來？

回想過往，我想我媽媽們堅持灌輸我實事求是的動力，後來成為我在做重要決策前會盡量找齊所有資訊的原因之一。這就是為什麼我仰賴科學證據，而非趣聞軼事來做為支持同性婚姻的證明；除非經由多方查證的研究後，有人能清楚明確地指出並解釋同性戀對於個人及社會的具體傷害，否則在此之前，我將會繼續站在支持同性婚姻和 **LGBT** 人權的這一邊。如果那樣的研究真的出現了，我以童軍的榮譽發誓，我會重新考慮我的立場。

真理的價值

同性戀常常必須要隱瞞社會對自己下了特別定義的真相，使自己看起來不過是「ㄊㄨㄥˊ ㄒㄧㄥˋ ㄌㄧㄢˋ」。如此一來，社會只會用一種簡單政治標籤來形容這群它不了解——也**不想**了解的人們，然後忽略這個事實，當做這只是一個簡單的「個人選擇」。彷彿我們某天早上醒來，折一折指關節，然後就決定：好吧！今天就是選擇性傾向的日子了。此外，社會也拒絕進一步學習，無法先看見到我

> 媽媽們是多麼好的人，價值觀良好、在醫院工作等，然後才看見她們女同性戀的身份。
>
> 我覺得對我來說也是如此（我是指我也是個好人，而非我也是女同性戀）。如果要用重要性高低列出我的身份，我會把價值觀良好的好人排在第一位，身為兩個女同性戀的兒子大概排在第七或第八位吧，如果真要排序的話；我的身份具有很多其他更重要的面向——鷹級童軍、一神普救派教友、企業家、美國人。如同童軍法規所說，做個「信守承諾」且讓誠實成為「行為準則」的人。這不表示我不愛我媽媽，而是她們的性傾向，或她們兩個都是「媽媽」這件事，就是沒那麼重要；她們是什麼樣的人，早就在我是她們兒子以外的其他身份中表露無遺了，這才是最重要的。
>
> 但是主流社會——甚至是我家族中的某些人，並不同意。畢竟只有極少數的真理，才能亙古不變；此外，在這個愈來愈兩極化的世界中，即使是亙古不變的真理——譬如待人如待己的做人準則，也可能會受到質疑。

我們第一次參加家族聖誕夜晚餐時，對我們的親戚來說，很難只著眼於其他部分、而不去看其中一項事實；這跟人們有時無法跨越膚色或信仰的情況相去不遠，被對方與自身不同的事實矇蔽了雙眼。在跟自己的家人出櫃後，泰莉就為此奮戰了好多年。聖誕節、感恩節和她虔誠的父母親一起過——其中一個還是基督教極右派，還有她信奉福音派的哥哥們，有時大家難免顯得尷尬、壓力大；但隨著時光流逝，她是同性戀已經不是那麼重要了，因為每個人都發現，她還是原來那個出櫃前大家所愛的泰莉——並無任何改變。

這樣的領悟並沒有馬上發生在杰姬家人身上，雖然她的哥哥、嫂嫂及姪兒們很快就接受了，杰姬的父母親卻毫無改變。當時六十多歲的艾絲特奶奶，一輩子都是虔誠的天主教徒；杰姬的父親，尤金，因帕金森氏症而痛苦不已，他的中央神經系統退化，健康急速惡化。他的行動與思考能力隨著病情每況愈下，受到極大的損害。

那時候，我不能理解為什麼艾絲特要在杰姬的性傾向上如此掙扎。現在我明白了，她不只是對杰姬如此掙扎，她是在每一件事情上都很掙扎。當尤金爺爺——這位她結褵四十年之久的男人——健康衰竭時，她愈來愈依靠信仰以尋求安慰；而天主教教會對於性傾向可一點也不含糊，對艾絲特奶奶而言，這完全重重挑戰了給予她安慰支持的信仰基礎，更別說要反駁她的信仰了。

但是隱瞞一個人的性傾向並不會使事實消失；遠離事實只會讓它反過來追著你跑。我在很小的時候就體驗過那樣的感覺，且意識到這麼做只會讓不自在的情況更糟。

我記得自己第一次隱瞞關於家人的事實是在四年級，那時我換了新的小學，有個綁辮子的小女孩問我：「你爸媽是做什麼的呢？」

我是新來的、笨拙矮胖的小孩，剛從威斯康辛搬到愛荷華，有個增高鞋墊在我左腳鞋底，家裡有兩個媽媽。要跟一群已相處四年的孩子們混熟簡直是小學生的惡夢，我雙眼掃過一張張陌生的面孔，大家正在鋪滿橡皮的遊戲場上玩著。

在馬什菲爾德，如果被問到同樣的問題，我不會有任何猶豫就回答自己沒有爸爸，而我的兩個媽媽都是醫生（其實這不太算是說謊，因為我還不了解醫生和護士的差別）；我所有的同學，從幼稚園到三年級，沒有任何人因為我有兩個媽媽而找我麻煩，所以我不需要扭曲事實。

可是當我搬到愛荷華後，這件事就變了。搬家後，我參加了愛荷華市為當地青少年舉辦的夏令營，那時的我們已經長大到某個年紀，所以當某個營隊伙伴發現我有兩個媽媽時，他開始不斷地嘲笑我、欺負我。而現在，我才剛踏進新的學校，我知道跟別人不一樣是危險的。

「我媽媽是個醫生，」我說，很驕傲地回答那個女孩；接著，盡可能很自信地，我加了句：「我爸是個律師。」

「酷！」小女孩說，很快跑去跟她從幼稚園就認識的朋友們玩，沒發現自己方才撼動了我的世界。

我站在那裡，感覺自己是個四年級的廢物，試著自我說服自己沒有撒謊。我知道說謊是不對的，但就我所知，我爸爸的確是個律師——編號 1033 正在讀法律、並打算當個律師——而且她也沒有問起我另一個媽媽。

多年後在念中學時，我們橄欖球隊上個頭最大的隊員，練球前在更衣室裡問我：「你爸媽的名字是？」這問題完全出乎我的意料，我的腦袋一片空白。

「你說什麼？」我問，假裝沒聽清楚，「抱歉，我剛沒聽到。」

「你爸媽的名字是？」他重複問道。

在那一刻我才意識到，我媽媽們的名字都很中性，光講名字不會透露出任何關於她們性傾向的線索。「喔，」我說，抬頭看著他，「杰姬和泰莉（**Jackie and Terry**）。」我關上衣物櫃，抓起我的頭盔，然後向操場跑去。

誠實為上策啊。

第四章　善良

My Two Moms

常有人問我，被兩個媽媽撫養長大，和被一個爸爸一個媽媽撫養長大，兩者之間最大的差別為何？對我來說這個問題有點好笑，因為這麼問好像我有個控制組可以相互對照，彷彿我人生中有段時間是有一個爸爸、一個媽媽。就我所知，被兩個媽媽帶大沒有太多「副作用」，但不可否認的是，或多或少還是有一點影響；尤其有兩個媽媽這件事，讓我在學校同儕之間成為明顯的目標，因為同學們多半會希望朋友跟自己是一樣的。畢竟我們的社會習慣從已知的人事物中尋求安慰，而在與我們相似的人事物身上，可以找到這樣的安慰與自在。

校園裡男生之間的霸凌方式，就是質疑某個男孩子的男性氣概。我總會想到電影《沙地傳奇》（*The Sandlot*）的橋段，當漢姆丟出最極致、最糟糕，無人能超越的侮辱：「你打球像個**女生**！」（如果你還沒看過電影，把它放在你的DVD必看清單上，我等你。）我想，男生認為稱呼一個男生為女生是種侮辱的部分原因是，從一個小男生的角度來說，女生是非常陌生奇怪的生物，而且令人驚慌不安。但很明顯地，這根本不會是我的情況，我知道即使生理上有些差異，女孩子基本上具有某種美感。

我媽媽們教導我，對待女生要如對待男生一樣，就像對待白人小孩要與對待黑人小孩一樣的道理，這就是平等；但我想，可能必須要有人教會你這些。現在我們來看，女生與男生的生活經驗是否會有差異？是的；白人小孩與黑人小孩的生活經驗是否會有差異？是的。但這些差異不表示應該用不同的方式**對待**他們；同樣的準則適用於**所有人**，並非**某些人**而已。

不管一個人是否跟我們不同，除非基於重大理由，否則我們都應該待他如待己；而我總是感到難以置信，種族、性別或性傾向——這三項我們毫無決定權的特質卻被視為「重大理由」。畢竟，言行遠比身份要來得重要多了。

不過，看來我四年級的同學們並不同意。搬到愛荷華市時，我已經是那個「新來的」、「外來者」，又多了個傳言說我有「兩個媽媽」，於是我便成了被攻擊的目標。

那一年的某天早上，有個叫崔維斯的孩子，就是那種總想自我證明的男生，尖酸地說我「沒有小雞雞」。

「那又怎樣？」我說。老實說，我不知道他的重點是什麼；他說的不是真的，但就算真的，這很重要嗎？我媽媽們教我，雖然男生和女生有不同之處，但不管你是哪個性別都不重要，沒有哪個性別比另一個性別要來得好或壞。所以我對他的嘲諷反應，說明了被兩個媽媽撫養長大的確有不同之處：我不覺得有沒有雞雞有啥大不了的；若有人質疑我的性別，我不會被激怒，因為在我心底，每個人都是平等的，一個人的性別不會使他或她更好、或更壞。

然而，崔維斯以我那句「那又怎樣」的回應借題發揮，馬上到處告訴別人說：「查克沒有小雞雞。」如果別的小孩不覺得好笑或很刻薄的話，我根本也不會在乎；他的狐群狗黨，布萊德，很快就為我取了個新綽號，延續我接下來好幾年的折磨。於是，我成為大家口中「沒有蛋蛋的華茲」（No-balls Wahls），直到中學才擺脫了這個綽號——因為那時我突然長高了一呎，體重也增加了將近五十磅。

想想這樣的變化還真妙。

但在我受洗那一天，我完全逃脫不了。走進我們新家的大門，將外套掛在客廳衣櫃裡時，我感受到「沒有蛋蛋的華茲」吊掛在脖子上的重量；更糟的是，這些小孩以最刻薄的方式到處散播這個綽號：「沒有蛋蛋的華茲有**兩個**媽媽。」

過了幾個禮拜，我試著處理自己受到的侮辱，不跟媽媽們說，害怕被發現我因為她們的性傾向而受苦時，她們會很受傷；老師們注意到我開始疏遠班上同學，於是告知媽媽們有些狀況。泰莉堅持問了我一連串的問題，我才終於坦承發生了什麼事。我沒有講得很具體，但有說到他們怎麼叫我，以及態度不是很好等等；我沒有提到他們因為媽媽的性傾向而嘲笑我，但泰莉的直覺告訴她一定就是這樣。當她問我同學是否提及任何關於她是女同性戀的話時，我只是避開她的眼神，看著別的地方。

我媽媽們要全家人在餐桌旁坐下來，一起討論這件事情。泰莉首先想到的不是處罰那些霸凌的孩子們，或是阻止他們；她想先確認我知不知道怎麼為自己發聲，而不訴諸暴力。

泰莉大學時拿到黑帶，成為跆拳道的常勝軍，總在中西部聯賽中獲獎。她很喜歡提起的一段回憶是，她曾開車載著一群人到某個武術道館，一路上有個男人不斷說他有多討厭同性戀，如果遇到同性戀的話，一定會把他或她打到血肉模糊的地步；當他們抵達道館時，泰莉下車告訴那個人說，好吧，她是個同性戀，且如果他想的話，泰莉非常樂意跟對方比劃一番。他臉色發白，氣勢全無，很快就道歉說，不不，堅持自己不是這個意思，他只是感到挫敗，他當然不想和身高五呎十一吋、高他四級的黑帶比劃；喔不，一點也不想。

回程時他沒什麼說話。

回到餐桌上，泰莉告訴我一招使之困惑如迷途羔羊[1]的技巧。這與她具備自我防禦的武術背景不謀而合，因為這個方法的本質就是讓對手感到困惑，藉著他所說的話語來擊倒他；你可以想成是語言的柔道。

「當有人開始對你說一些刻薄的話，」她說，「想想你可以怎麼避開他們說的話，」我沒辦法完全理解她的意思。「你不能讓他們把焦點放在你身上，你需要某些說法使他們分心。」

我第一個想到的是：「我媽媽是跆拳道黑帶，她會踢爆你爸的屁股。」我們決定不要用這個，儘管泰莉是個黑帶，她視暴力為非不得已的最後手段，不管是語言或其他形式的暴力都一樣。

「『我為你感到難過』這個怎麼樣？」我說。

「但是為什麼你為他們感到難過呢？」她問。

1　原文為Fogging。

我並不真的知道為什麼，真的，我不知道；我只是為自己感到難過，希望他們能住口。

接著，泰莉問道：「也許是因為他們努力想要吸引別人的注意？」這個說法讓我突然間明白了。

「對耶，對耶！」我說，「嘿！我為你感到難過，因為你這麼努力想要吸引別人的注意。」我猛點頭，因為這樣的想法而覺得有了層防護罩，變得勇敢。

「太棒了！」我媽說，「現在我們來練習吧！」

我媽媽們輪流假裝對我說一些刻薄的話，每一次我都用新學到的說法抵制她們：「我為你感到難過，因為你這麼努力想要吸引別人的注意。」晚餐接近尾聲時，她們兩人滿臉笑容。

那時才一年級的潔比，原本在旁靜靜聽著，突然脫口而出：「我也想要迷途**青蛙**[2]！」直到今天，這仍是我最愛的潔比金句之一。

隔天當我媽媽們下班回到家時，我臉上仍掛著傻笑，她們迫不及待想聽我說白天發生的事。我描述那天早上從體育館回來的路上，那陣子最常欺負我的喬伊開始嘲弄我，說沒有蛋蛋有多糟糕，我一定很不會打躲避球，因為我沒有爸爸可以教我如何丟球；我不禁發抖，但馬上想起前一晚的練習，含糊地說：「我為你感到難過……」沒有繼續說下去。

「什麼？」他問道，睥睨的眼神看著我，感覺將有一場血戰要發生。

我轉過來，挺直了身子說：「我說，我為你感到難過，我想會這麼需要別人的注意感覺一定很糟吧。」

周遭一片死寂，你可以聽見那沉默下來的時刻。

在我人生最緊張的時刻之一過了以後，跟我躲避球同一隊的——還有一些他隊的同學——突然放聲大笑，就我記憶所及，那是第一次其他人選擇跟我站在同一邊。

我媽媽們露出驕傲的笑容，泰莉把我拉進懷裡，像熊媽媽般緊緊抱著我——請容我這麼描述。

不是每個人都會拿兩個媽媽這件事來攻擊你；事實上，我的家庭多年來受到許多善良人們的祝福，其中不少是你可能不覺得會對我們家那麼好的人，童軍便是一個很好的例子。

當我加入幼童軍團時——給小男孩參加的童軍，那時我才幼稚園，主要的任務即包括荒野探索、松木賽車[3]，及學習如何使用一把瑞士刀；我完全沒意識到自己的參與會引起某些人的議論。

事實上，我所引起的爭議遠比你可能想像的小很多，也許一部分的原因是，美國中西部的人們不習慣過問太多個人隱私，但我想，絕大部分是因為我媽媽們都是非常

2　原文中，潔比口誤把 **Fog** 說成 **Frog**。
3　松木賽車（**Pinewood Derby Race**）是特別為親子設計的活動，每個童軍只會領到一塊木頭和幾樣簡單的零件，需要與大人一同製作無動力、僅利用重力加速前進的小型賽車。

積極的參與者，她們本人就在那裡；若不是面對面地與人相處的話，惡意對待他人就變得容易許多。（我想這也是為什麼網路霸凌在我們的社會中逐漸普遍的原因。）當某人是匿名的狀態，與真實的身份完全不同且十分遙遠，那麼罔顧法律、歧視他人就變得無比容易。然而，當我媽媽們——在全國層級上被禁止參加童軍活動的兩個女同性戀——親身在當地參與活動，幼童軍團的成員發現她們就只是一般人，跟其他人一樣擁有相同的煩惱、擔憂、希望和夢想，馬上就展開雙臂歡迎她們加入。

我知道很多人會認為美國童軍是個恐同的組織，在多起訴訟案件後，他們已經拿掉官方網站上的正式條文：「我們不允許公開身份的同性戀註冊成為美國童軍的成員或領袖。」但即便如此，不論在各地或全國的層級，各團體的領導階層文化大多仍無法接受同性戀。然而，當我在華盛頓小學的迎新之夜結束後回家，宣布我要加入幼童軍團時，媽媽們都非常支持，從未批評過我的要求。

我的兩個女同性戀媽媽澆灌培育我、使我成為熱心服務的人，這恰好與傳統保守的組織美國童軍的精神不謀而合；而這樣的對照觸及了平等的議題，那就是父母親的性向會影響孩子性格至何種程度。

在某些人眼中，我在童軍裡所學到的有些價值可能較為女性化——善良，就是個絕佳的例子；有些我從我媽身上學到的價值則可能會被視為較男性化，譬如勇敢、自律及負責。我發現有趣的是，身為兩個女同性戀的兒子，我不覺得男性化或女性化哪個比較好或比較差；她們教導我，不管小孩的性別為何，這些價值都同等重要。年輕女性的勇敢特質和年輕男性的善良特質，兩者都一樣重要。

當然也有某些時候，尤其在我剛到新的小學的那幾年，我從未感到自己是完整、身心健全的；也曾有段時間，我希望自己有個爸爸，但這一類的念頭總是就很快消失了，我從未希望自己有個爸爸來取代其中一個媽媽。我相信這麼說一定會讓人斷章取義，但，當我說希望有個爸爸時，不表示我真的想要或需要一個爸爸，只是因為這樣一來就可以融入大家；在某些尷尬的情況下，我會說謊，告訴別人說我爸偶爾會帶我去滑雪，不是因為我覺得有兩個媽媽很丟臉，或是幻想他會突然出現、挽救局面；而是因為在那樣的情況下，謊言遠比真相要來得簡單容易，這不代表我摒棄了我的媽媽。我的不誠實，只是出於不希望自己因為家庭背景而被人欺負。

我不是同性戀，但我明白待在櫃子裡的感受。

在融入群眾的過程中，我們都會無止境的掙扎，發現自己因與眾不同遭受攻擊而感到憤怒，並深深受傷。身為最後一個來到四年級班上的小孩，我也是有兩個媽媽、被排擠在外的小孩，在運動競賽分組時是最後一個被挑選的隊友，但若有需要的話，總是第一個被選上要打皮納塔[4]的人。

4　皮納塔（**Piñata**，西班牙語）是一種紙做的容器，造型千變萬化，通常以一細繩固定於天花板上，讓小朋友圍成一圈，輪流蒙著眼睛、手持棒子，設法把垂掛的皮納塔打下來；每人有揮棒三次的機會。其他的小朋友會唱歌或出聲，試圖擾亂蒙眼揮棒者擊中皮納塔。

如果我們沒有搬離威斯康辛州，我仍能與一群朋友保持緊密親近的關係；有時我會想像自己仍在馬什菲爾德，我與好友們會在家附近嬉戲玩鬧，如往常幹些壞事。那裡的女生都很喜歡我（我想是因為比起大部分的男生，我對她們的態度好多了），我常會因為在寒暑假期間親了她們而惹上麻煩（這是另一個有女同性戀媽媽的好處：我知道女生沒有蝨子[5]）。我和其他男生的關係很好，因為我們都愛《星際大戰》（***Star Wars***）系列的電影和樂高玩具，那段時間真是開心極了。

在馬什菲爾德，當其他小孩發現我有兩個媽媽時，他們的反應是：「喔，這樣呀，我們來玩吧！」事實是，我有兩個媽媽就像她們兩人的職業一樣，一點也不重要；我們很快就能直接進入**真正**重要的事情，譬如說我們一起玩時會多開心。既然大家都願意多了解我一點——我喜歡《星際大戰》、變魔術、樂高玩具——我有兩個媽媽根本沒什麼大不了的；我不需要隱藏真相，因為在那個年紀，沒人會在乎。我們還太小，無法理解為什麼性別、種族或性傾向會被當做一回事，還不知道對於上述特性的任何差異要感到害怕。

在那個年紀，大家都是善良的。

升上五年級約莫兩個月後，我媽媽叫我到地下室去；我們坐在樓梯最底端，我有強烈的預感——可能又要「嚴肅的談話」了。我試著揣測即將發生的一切，腦中不斷閃過各種念頭，但就算要了我的命也想不出究竟會如何。「查克，」她開始說，「我剛接到柯迪爸爸的電話。」

「柯迪……海因斯？」我問。

「是的。」她說。

喔，也許沒那麼糟。我認識柯迪，他小我一屆，我們一起參加幼童軍團，但不同隊；他爸爸是童軍隊長，是團裡最高層級的領袖。柯迪和我不是最好的朋友——他從未和我一起出去玩，但我們也不是敵人。

「好，」我回答，「然後……呢？」

「嗯，柯迪的爸爸告訴我，你最近一直……對他不太好。」我還是感到很困惑，腦中搜尋他爸爸可能是什麼意思。「柯迪覺得你一直在**霸凌**他。」

「我……**什麼**？」我完全嚇呆了，不管我原先以為她要說什麼，絕對不會是這個。我害怕極了，我知道被霸凌是怎麼一回事，我怎麼**可能**會這麼做呢？我是好孩子，不會傷害……

然後，我突然想到了，我知道柯迪說的是什麼了。

年紀大一點的孩子已經這麼做一陣子了。他們對彼此施展《星際大戰》中的瓦肯掐頸術[6]的某種變形，也就是不碰觸肩膀與頸部之間的區域，而用大拇指、食指與中

5 原文為Cooties。在美國小男孩和女孩都會說異性有蟲來當不和對方玩的理由。

6 瓦肯掐頸術（**The Vulcan Neck Pinch**）原出處應為《星艦迷航記》。瓦肯人所施展的某種招數，藉由掐緊對方頸部特定部位使其失去意識，甚至昏迷不醒。

指改掐後頸。這麼做並不是真的很痛，但也不是完全不會痛。

我一直都對柯迪這麼做，全然沒有意識到自己的行為。我不再以語言困惑對方，而是開始向那些霸凌我的孩子們證明，我跟他們一樣。當我和我媽坐在樓梯底端時，我突然意識到自己這個部分，感到既厭惡又恐懼。

我臉上開始慢慢浮現理解的神情，泰莉則十分關切地看著我。回想起來，當她在等我進一步確認真有此事時，她同時也感到深深的失望，不管是對年紀尚輕的我，或是對自己身為家長的角色。

我腦中搜尋著回應的字眼，眼淚就快飆出來了，哽咽地說：「我……嗯……我想我知道他在說什麼，但我不是故意的！」

在我半是抗議、半是自我厭惡的啜泣時，媽媽緊緊抱住了我。

如今，我的理解是：大多數的霸凌者不認為自己在霸凌；他們並不真的知道自己在做什麼，只是單純做著他們在做的事——欺負、取笑以及嘲弄別人——因為這麼做感覺很好，有時候可以忘記自己的痛苦。他們沒有意識到自己做錯了，因為對他們來說，這感覺是對的。在他人身上施展權力，便轉移了某種痛苦——那種在家或跟朋友相處時的無能感受，不知怎地能夠撫慰受傷的自我。

我曾被同儕騷擾、欺負過，也因我媽媽健康衰退的狀況感到憂慮不安——沒有人知道這些事——而我開始找方式宣洩。我媽媽們教導我的價值觀告訴我，我的所作所為是錯的，事實上也是如此；只要我意識到自己的行為舉止，我就會改正及改變我的作為——這一點，我認為是我媽媽們教養有方的證明。

但我仍感到羞愧不已，我媽堅持要我打電話向海因斯先生道歉，然後當面向柯迪道歉；我永遠不會忘記撥打那通電話的感受。我從學校通訊錄上找出他們家號碼，顫抖地按下按鍵，通話過程很短暫，因為想快點結束電話，我直直切入重點，卻十分難忘。海因斯先生也知道我並非天性如此，猜想我不是故意這麼做的；他告訴我，他很感謝我打電話來道歉，也會讓柯迪知道，但請我要再當面跟柯迪說。

隔天到了學校，我不斷試著要找個合適的時機跟柯迪說話，我想跟他道歉，也解釋自己的行為——說我不是故意要傷害他。試了好幾次都失敗後，我總算在放學時有機會接近他；我明白自己若沒有完成這個任務的話，根本沒辦法在晚餐時面對我媽媽。

我說得很快。「柯迪，」我說，「我很抱歉我一直找你碴，我不是故意要傷害你的，希望你能原諒我。」他點點頭，沒說任何話，接著轉身就走；我不怪他，如果別人對我說這些我剛對他說過的話，我也會這麼做。

不引人注目，低下頭，迅速離開。

這些我都很熟悉。

善良的價值

當我還小時，媽媽們就要我牢牢記住為什麼善良很重要。事實上，「善良」是我最喜歡的童軍價值之一（「童軍知道和善的力量，如同自己希望被他人對待的那樣對待別人」），也是《教導孩子正確的價值觀》書中我最喜歡的章節；因為，我覺得這很簡單，而且又能帶來其他好處，這麼做會讓我感覺很好。我記得在某次大雪過後，我將鄰居車道上的積雪鏟除乾淨，只因為這是一件好事，而且我傍晚也沒有其他的事要做。我也發現，為善常常會帶來一些回報；約一個月後，我們家的鏟雪機壞了，同一位鄰居好心幫忙清除我們家的車道，讓我媽媽們（還有我，因為我不用早上五點起床鏟雪）非常開心。

我知道並非每個人都是善良的。

雖然我不認同霸凌是每個人都會經歷的「成人儀式」——而且是**必經**，有些人會這麼說——但我沒辦法否認經歷了也克服了霸凌後，我發現如果你不同意，人們也無法讓你變得次人一等；在你為自己站出來以前，沒有人會為你挺身而出；你會遇到刻薄惡劣的人，你會一次又一次遇到障礙，人生不會永遠是一帆風順的。但有了正確的心態，正確的技巧（我仍偶爾使用使之困惑的語言招數），正確的價值觀，你幾乎可以克服任何人生路上所遭遇的事情。

我四年級時，每一天放學後，一群班上同學就會到某個叫布萊恩的孩子家門口集合；他們家的庭院緊臨著學校，孩子們會在那裡玩轟隆球（用足球玩壘球賽）。庭院是小型菱形狀，門廊處有可以休息的地方；雖然我非常想成為受邀的那群孩子之一，但我想我只在那裡玩過兩次。

我了解到做個善良的人雖然簡單，但並非總是容易的。不管你人有多好，如果要邀請獨行俠加入遊戲，就必須克服可能會被同儕嘲笑的心理障礙，這點不大容易；但擴大邀請卻很簡單。這是很細微的差別，卻大大幫助我明白善良的本質，讓我將此價值觀融入日常生活當中。

十一年級時，我加入了演講辯論社。那一年我和另一位社員準備的雙人演繹作品叫做《鄰家男孩》（*The Boys Next Door*）；在雙人演繹中，兩人要改編並表演一部已出版的作品。《鄰家男孩》是一齣關於社工與一群心智障礙男性的劇碼；劇情高潮為其中一位心智障礙者擺脫自身障礙的限制，對觀眾侃侃而談，描述自己如何在種種掙扎中繼續前行。我花了好幾個小時閱讀、琢磨，及表演那部深富教育寓意，教導我們都需要和善待人的作品。

但最強而有力的教誨卻來自於某個當下、幾乎是意料之外與人為善的經驗。

我六年級時，班上有位智能遲緩的同學叫做約翰．麥克曼尼斯，我沒法告訴你他遲緩的程度為何，也許是唐氏症，但這一點也不重要。他每天都會來上學，我們一群同學會陪他完成作業，學習如何拼字之類的；即使他比我們所有人都年長，我們繼續念中學，他仍留在原來的級別。十一年級後我就沒再見到他了。

回到那時候，我第一次見到約翰是因為我們是韋伯小學的六年級同班同學；當我朝他的方向前進時，我馬上就認出他來，他看著我的方向，但沒有眼神交流——他的眼神總是有一點失焦——好像這是件再自然不過的事，我微笑對他說：「嗨，約翰。」

他看向我，但不是看著我，清楚地回應道：「嗨，查克。」

我停下了步伐，但他繼續向前走，對這世界毫不在乎。

就在那一刻，我開始珍視每天生活中的一言一行，因為即使再細微渺小的舉動，都很重要。雖然這可能不是別人會注意到的——有時候，人們好像根本無法留意——我們的言行所能引發的迴響，遠比自己能理解的範疇要大多了。

和善自有力量，而這個力量是具有傳染力的。但和此概念連結在一起的是，沉默代表一種允許，不論是在語言或行動方面；沒有行動或拒絕回應，本身就是一種回應，也是其中最致命的。二戰猶太大屠殺的倖存者埃利．維瑟爾曾說：「中立從未對受害者有利，卻有助於壓迫者。」[7]

即使在很小的時候，我對善良的理解即已深植心中，成長過程中我仍繼續學習此一價值，也學著了解自己。大學一年級時，我參與了某場畢業典禮，致詞者為大衛．

福斯特．華萊士[8]，演講題目為〈這是水〉，開頭是個深深影響我的小故事，成為我最喜愛的寓言之一。故事大意如下：

某日，有兩隻年輕的魚兒在溪中游著，遇見另一隻往反方向游，年紀較長的魚兒。那隻魚說：「早呀，孩子們，」又向他們點了點頭：「水的感覺如何呀？」這兩隻年輕的魚也點頭示意，繼續往上游前進。過了一會兒，其中一隻問另一隻年輕的魚：「到底什麼是水啊？」

短短的一段話有許多不同的詮釋，但我了解華萊士的重點是，年輕的魚兒不懂得自己的存在有賴於叫做「水」的東西；年長的魚兒知道有股一致的力量將大家連結在一起，使他們成為一體。這股力量，對我們來說，就是人與人之間的互動。

如果你看「善良」（Kindness）這個字，它的字根是「類」（kind），跟「人類」（Humankind）一致；當名詞時，表示一群人或物共享相似的特質——我們的人性（Humanity）。「做個善良的人」（To be kind）是動詞，代表認可我們共享的特質，共享的人性，以及記得要彼此尊重，因為那層外表的差異之下，是每一個活生生的人與生俱有的價值與尊嚴。

7 原文為 Neutrality helps the oppressor, never the victim，出自於一九八六年十二月十日埃利．維瑟爾（Elie Wiesel）獲頒諾貝爾和平獎的領獎致詞。

8 大衛．福斯特．華萊士（David Foster Wallace）美國當代著名短篇小說家。

這就是水，是我們悠游其中的水，有時候平淡無奇到我們根本不認得它的地步。事實上，到頭來我們都只是人，不會多一分或少一分；我們是懷抱希望夢想，帶著缺陷失敗，擁有朋友、家人，各種祕密與驚喜的人。今天，當我發現自己因為與另一人的互動過程感到挫折——坐在我後面位子上的哭鬧嬰兒、服務糟透了卻不肯認錯的餐廳、在高速公路上超車到我前面的笨蛋——我試著深呼吸，提醒我自己「這就是水」。這樣的互動是我們賴以生活的環境；若失去了這樣的互動，不管是多痛苦、多令人挫敗的互動，我們將什麼也不是。事實上，若對待他人的方式，與自己想被對待的方式不同，那等同毀滅我們自己。

第五章　友愛

My Two Moms

失去老朋友很辛苦，結交新朋友卻常是加倍辛苦的。但，升上五年級後沒多久，我就開始走運，真的很走運；學校的尋寶遊戲分組時，我被分配跟尼克．捷維爾——那一年「新來的小孩」——同一組。他才剛從科羅拉多搬到愛荷華，跟我在威斯康辛時最要好的朋友同一天生日。也許我們把這個巧合當做某種預兆，或者也許只是因為他沒認識什麼人，而在學校待了一年的我也沒認識什麼人，但不管是什麼原因，我們很快就成為朋友。

雖然不同班，尼克和我是同一「組」的，意思是我們兩班會常常一起進行課外活動。在學校尋寶遊戲的清單上，我們必須找到的物品大多來自於大自然，結果我們卡在松果這一關；雖然緊鄰學校的住家後院中就有松樹，但當我們正要離開學校拿松果時，就被老師叫住了。我們輸了尋寶遊戲，但這一次我覺得輸了也沒關係，因為我有了朋友。

認識不久後，尼克介紹我一項紙牌遊戲，叫做「魔法風雲會」（**Magic：The Gathering**）；我們因而彼此連結深厚，十多年後，仍不時會在漫漫長夜中玩上幾把。這個遊戲的背景主要是奇幻世界，模擬兩個或兩個以上巫師之間的決鬥戰役；你可以使用手中的紙牌來召喚生物或施咒，消滅對手的二十個生命點數。我們通常平手，每人各贏一半。（雖然他可能會告訴你，他五場中贏了三場。）

我們喜歡所有奇幻的東西，尤其是《魔戒》（*The Lord of the Rings*）。放學後，我們倆常常一起走路回他家，因為他的父母在家工作，而我的媽媽們仍在醫院；我們會迷失在中土世界之中，那裡住著精靈、半獸人、矮人和巫師，是個超乎我們想像所及的王國。

但友情才剛萌芽三個禮拜，我們就被迫回到了現實世界。

標準時間早上七點五十分左右，我回到韋伯小學的餐廳；那天早晨我才剛結束在體育館的課前活動，我記得邊和隊友說笑、邊在穿越大門時跳了一下，希望能碰到金屬邊框，但一如往常地失敗了。

我記得房間角落的電視是在第七台，螢幕畫面上是兩棟大樓，其中一棟正起火燃燒。從體育館回來的我們那時認為——不知為何，那是一部電影；我記得我們的其中一位輔導員在哭，一定有什麼地方不對勁，我突然明白：這是現場報導。

我們這些羅森老師班上的學生馬上跑回教室；抵達時，老師正坐在辦公桌前喝著咖啡，用的是那可笑的自在客超商[1]六十四盎司的隨行杯。我們叫他打開電視。

我們目睹美國聯合航空175號班機撞上世貿中心，雙子星大樓的南塔，雖然從鏡頭看起來像是北塔再次爆炸；我以為它會馬上倒塌，但沒有。鏡頭拍攝的角度改變後，我們看見事實上是南塔——又有另一架飛機撞上了世貿中心。

當第二次撞擊發生時，大家集體陷入在某種不敢置信的感受中，被震驚及恐懼緊

1　自在客（Kum & Go）是美國中西部有名的連鎖便利商店。

緊包圍。這不是意外，兩架飛機已經墜落，沒有人知道空中還有多少架。

學生開始三三兩兩進入教室準備上課時，國會大廈被撞擊，很明顯地美國正遭受攻擊；一個班上同學問我覺得我們是否安全，我重複從 CNN 主播聽到的話，告訴他「他們」才剛撞上國防的神經中樞，一切都很難講。

我嚇壞了。

看著雙塔倒塌，當白色塵霧瀰漫整個城市、包圍街道上的行人時，我們倒抽了一口氣。我為那些跑向仍在燃燒、變形殘骸的人們的勇氣感到敬佩不已，但我沒有哭；我媽曾告訴我，當甘迺迪總統被槍殺時，她的老師哭了。**有多少人在那些建築物裡？在飛機上？下一個會是什麼？**羅森老師很冷靜，沒有什麼情緒。我想我們全都驚嚇到哭不出來。

走廊盡頭尼克的班級已經在上課了，他的老師覺得還是專注在學校課業上比較好；我不確定自己是否該為看了電視而高興。

在下課鈴響、午餐時間前，第四架飛機墜落在賓州的荒郊野外，多虧一群勇敢的乘客，犧牲自己以拯救無數人們的性命。

確認美國領空安全無虞後，我們排隊進入餐廳；哈佛坎普校長透過廣播宣布，我們國家剛剛經歷了一場恐怖攻擊，要大家靜默片刻，以紀念那些失去性命的人們。

整個下午，我們都在看新聞重播波音 767 撞向世貿中心雙子星大樓，那些畫面永遠改變了我們內心的風景，在我們記憶中深深烙下在二〇〇一年九月十一日星期二發生的可怕事件。

那一晚，我們全家擠在沙發上，看著布希總統對全國演講。我記得那段演講激勵了我，我感到胸膛充滿愛國熱忱和驕傲；我意識到那感覺跟我參與童軍會議時一模一樣，但更為強烈有力。

隔天早上在學校時，我們站在大樓前，五個班級一起向國旗宣誓；亨利女士帶著我們背誦誓詞——而我已在加入童軍時牢記在心。

九月十二日的那一刻，標籤分類已不再重要，我們都是美國人。

晚上在幼童軍團時，我們留了些時間紀念亡者，並為歷經那危急時刻的倖存者祈禱。我們這一隊在學校自助餐廳內舉行了小型紀念儀式，我記得在尼克點了蠟燭後，自己也點燃蠟燭，一起悼念。

在團長說完振奮人心、關於力量與堅持不懈的重要話題後，我們分散回到自己的小隊；杰姬帶著我們這一小隊，談談前一天事件發生的始末。我們全都有點驚魂未定，無法完全了解，更不可能知道接下來會發生什麼事——如果有的話。

我很高興是杰姬帶領那場談話，她不常說很多話——我的說話模式來自另一個媽媽——但每當她說很多話時，就是深思熟慮過的，且她總會提出有用、獨特的面向。她傾向於說該說的，其餘則略去不談。

她解釋道，迫使飛機撞向雙子星大樓的是激進的穆斯林極端份子，但她希望我們了解，這些人並不代表所有的穆斯林。杰姬告訴我們，激進的極端份子並非存在於單一種族、膚色、階級或宗教信仰中；就在幾個月前，奧克拉荷馬市的炸彈客提摩西．麥克維才剛被處決，但這位白人男性、美國退役軍人——麥克維先生，其駭人聽聞的行為並未重新形塑我們對白人男性的看法，因此，我們也不應該對穆斯林的態度有所改變。

也許這就是為什麼奧克拉荷馬市炸彈案如此令人害怕的原因之一。雖然當時我還太小，記不清真實發生的過程，但我現在明白，為何人們會陷入震驚和懷疑之中，因為他們得知一個看起來像自己兒子、兄弟，或對大多數來說甚至像父親的人，一個讓人信以為是聰明、信仰虔誠的美國退役軍人——某個大家會高高興興稱之為朋友的人，竟是犯案兇手。但即使他們深知這個人生性殘忍，對於長相相似的人們的看法並未改變；在發生炸彈案的隔天，我們看見白人男性開著貨車時，不會有絲毫疑心，因為那不是懷疑的根源。

我們只會因為差異而心生懷疑。

尼克說，他是在剛加入我們這一隊、某次野外露營時，發現了我有兩個媽媽——好吧，我的兩個媽媽讓我家庭有點「不一樣」。他和他爸在離營火有段距離的地方談話，他爸告訴尼克，杰姬和我媽媽在一起，「就像一對伴侶」；他要尼克知道，他認為她們很棒。這是他爸爸唯一需要說的事情。

接著他告訴尼克，「不過你應該要等查克主動提起，他可能會覺得告訴你這件事會有點不大自在。」

尼克尊重他爸的要求。我開始寫這本書時才發現這段對話，類似的發現在我為了此時此刻的書寫而回憶過往時，歷經過無數次；我的人生是如此平淡無奇，以至於我得嚴謹檢視自身經歷、只為了找出與「正常」家庭的些微差異之處。我總是覺得自己的家庭很平凡，除了我媽患有多發性硬化症的事實外，但就算如此，很多家庭也都為慢性疾病所苦。泰莉的疾病只是另一個提醒：這可能發生在**任何**家庭。

但我從不向尼克隱瞞任何事。我們一見如故，我也無法告訴你為什麼、或如何變成好朋友的，但我們就是一拍即合。當我第一次介紹尼克給媽媽們認識時，我說：「這是杰姬，這是我的另一個媽媽，泰莉。」因我那時已經比杰姬要來得高，所以哪一個是我的生理母親相當明顯，但不管怎樣他都沒問。他是我的朋友，他知道這不重要。

與尼克成為好友讓我的學校生活變得好過許多，我也慢慢在其他生活的面向找到樂趣。我特別喜歡主日學的時光，發現一神普救派的伙伴們非常接納我的家庭，每個人幾乎都覺得我的兩個媽媽很有趣，但也就僅止於此；能擁有這麼一個人們不問太多問題的空間實在很棒，他們不會在背後議論，或在我們走進來時目瞪口呆地盯著看。

我跟其中一對到我們新教會來的兄弟走得特別近；傑克大我一歲，麥克則小我一歲，我們有共同興趣——他們也玩魔法風雲會、也是童軍、跟我一樣喜歡橄欖球——

但我最欣賞的是他們的自在。對他們來說，我有兩個媽媽這件事根本沒什麼大不了。

回首過往，我想他們能如此自在、冷靜的部分原因，跟他們童年時因爸爸被派駐在奈及利亞工作，而跟著在那裡待上幾個月有關；他們知道居住在一個與自身文化完全不同之處的感受，當地的風俗民情、宗教信仰也值得他們尊重。我想，在年紀還小時即親身經歷如此眾多、廣大的差異，使他們在探索世界，與擁有不同背景、想法的人們相遇時，能夠略過表象，直視人心。

他們的爸爸，克里夫，當然也是如此。事實上，是克里夫教我怎麼用刮鬍刀的；某個晚上，我跟著麥克到他們家裡，克里夫注意到我唇邊桃子般的絨毛，問我想不想知道怎麼使用刮鬍刀，我說當然囉，大約過了五分鐘，及幾道割破的傷口後，我就知道怎麼刮鬍子了。

當我回到家，以一個八年級生可以做到的那樣將鬍子刮得乾乾淨淨出現時，杰姬發現我的絨毛都不見了；不是特別在行注意這一類事情的泰莉，則完全沒發現。

「喔，酷喔！」杰姬說。

「是啊，」我告訴她，「我還滿興奮的。」

就是這樣。

爸媽並非知曉天下所有的事，有時候我們必須要透過與他人的友誼來學習。我媽媽們的好友，席維斯特，在我很小時即引發我對投資的興趣；我媽媽雖然對投資略知一二，但席維斯特在此一領域可說是專家。我在教會的心靈導師，在城裡有家經紀公司，依照席維斯特早期給予的建議，幫助我立下紮實的財政責任基礎。現在看來，很明顯地，從誰身上可以學到刮鬍子、打棒球、開手排檔、收支平衡，或是除草等，都不重要；重要的是知道如何做這些事，還有如果你想學新東西的話，怎麼找到會的人來教你。這就是朋友存在的意義。

重點是，不是每個人都會有相同的信念和習慣，也並非所有人都具備一樣的技術專長。我媽媽們可能無法教我怎麼刮鬍子，但她們也無法教我妹妹怎麼化妝。你猜怎麼著？

我們都還是順順利利地長大了。

友愛的價值

某次童子軍出遊，杰姬必須要解釋「酷兒」（Queer）這個詞，在特定脈絡中用來指稱同性戀者的恐同貶抑說法，我原本完全不懂。

我和我朋友正在玩「狙擊酷兒戰隊」（Smear the Queer），在這個遊戲裡，你要盡量搶到橄欖球、跑一圈，大家會攔劫、阻止彼此。玩了一陣子後，我回到營地拿點東西喝，杰姬和另一個媽媽——因先生出差而代為出席參加活動，開始在火堆上烤熱狗、準備食物。

「你們在玩什麼？」杰姬問。

「喔，」我說，「我們在玩狙擊酷兒戰隊。」

杰姬瞪了我一眼，彷彿我說了什麼大錯特錯的話。

「你們在**幹嘛**？」

「怎麼了？」我問，「為什麼妳剛那樣看我？」

「你不知道那是什麼意思嗎？」

「什麼，妳說『狙擊』？我知道呀，是擊傷、打倒的意思。」

「不……」她說，有點猶豫，彷彿不相信我。「**酷兒**。」

「意思不就是不同或是奇怪？」我問。

「查克，」她說，「那是暗指同性戀者。」

我不知道，真的，那時我不確定該如何回答，只是凍結般站立在那兒。最後，我問道，「喔，好，那我該怎麼做？我道歉？」跟我一起玩遊戲的伙伴都是我的好朋友，他們不是故意的，絕對不是針對個人。杰姬只是看著我，所以我說：「對不起。」另一個媽媽開始長篇大論地嚷嚷，說她女兒總是叫其他女孩蕩婦和女同性戀；她發現了一本日記……

我必須離開現場，這實在太令人難受了。我走回去，告訴那群朋友說我們應該叫這個遊戲「征服敵人戰隊」（Crush the Carrier），而非「狙擊酷兒戰隊」，每個人都說，「喔，好呀！當然，我們就這樣叫吧。」

雖然一個叫做「征服」的遊戲可能聽起來不大友善，但我們改名的過程，以及更重要的是，為何要改，成為我心底用來說明友誼意義的最佳範例：朋友會教你事情、站在你這一邊、支持你，甚至當情況變得艱難時，亦是如此。

友誼是種深厚的連結，是兩人或兩個以上的人們一起發展與滋養的連結，也是當我們需要時即能召喚而出、所有人皆能從中受惠的一種關係。友愛，相反的，則是一種內在感受；就其核心來說，友愛是注意到我們之間的差異，同時有意識地決定要看穿這些差異、看見連結彼此的相似點。如同童軍格言所說：「童軍是所有人的朋友……童軍試著了解他人處境，尊重那些與自己想法和習俗不同的人們。」

某次，在明尼蘇達州的滑雪道上，我差點直直撞上一塊路標，上面寫著：「尊重：你必須付出而得之。」我想，友愛就很像這樣，在你期待別人善待你之前，你必須先友善待人。

我也學到，在你成為別人的好朋友之前，你必須先成為自己的好朋友。這需要某種程度的獨立、自信，且對人生保持正面、堅定的看法。在你能激發出他人的自信心之前，你必須先對自己有信心；在你能支持他人之前，你自己的立基點必須堅定不移。

《童軍手冊》中說：「友誼是一面鏡子，當你以笑臉迎接他人，你也將得到對方的微笑……接受你自己，為了你不需要像每個人一樣而歡慶。真正的朋友會尊重那些使你獨一無二的想法、興趣和天賦。」

這真的非常重要，因為我們看見的並非世界本身，而是把世界看成是我們自己；我們看見的，是自身偏見、恐懼、意識型態及信念映射而出的模樣。如果我們自己是友善的，那麼不論身在何處都能結交朋友，若非如此，那麼我們會看見敵人潛伏在各個角落；如果我們總是自我防備，就會錯過進一步了解這個世界的機會，因為他人身上永遠都有值得學習之處。

紐特．金里奇某次提出他的觀察：「像我這樣的人，即是橫亙在我們與奧斯維新集中營[2]之間的人。我每天都看見邪惡在我身邊。」

我不確定金里奇都跟誰交朋友——或者這就是住在華盛頓特區的附帶結果。也許是因為我是愛荷華人，當我四處走動時並未察覺到什麼惡意或陰謀；我不覺得自己是世上最友善、開心又幸運的人，但在我身邊，我所見的善仍多於惡。我想，大部分的人們都是試著過好自己的生活、喜歡自己的工作、完全投入地去愛，並將小孩撫養長大，成為快樂、健康的人——且人生路上希望可以吃到好吃的甜點。

九一一事件的發生，使我們對於美國人的生命、自由與追求幸福的承諾受到挑戰。九月十二日早上醒來時，世界已經變了；我們都是美國人，但這裡的「我們」並不適用於每一個人身上。即使我們揚起國旗、因著復興的愛國精神而集結在一起——那一刻的團結一致烙印在我們這個世代的集體心靈上——不信任感很容易就湧現而出。穆斯林及中東裔族群，跟我們一樣同為美國人的男男女女，此時此刻皆被懷疑的目光所籠罩，彷彿站立在陰影之中，無所遁逃。

我們應思考，為何會演變至此。

畢竟，在奧克拉荷馬市炸彈案發生隔日，大多數的美國人並未在睜開雙眼時，即對隔壁鄰居的白人男子心懷恐懼；我們沒有批評美國退役軍人，也沒有向天主教教堂扔汽油彈。提摩西．麥克維看起來沒有不同，但無可否認的是，在他那麼美國的表象之下，比起同住在一條街上的穆斯林家庭，他跟大部分美國人之間的差異大多了。

我納悶的是，在奧克拉荷馬的惡事發生後，當白人男子跳上計程車時，紐約市的那些外籍計程車司機是否會感到一陣恐懼不安。

在我們急於將人們貼上標籤，個別將其放在以外表、習俗文化或信念定義的位置中時，我們忘了這樣簡單的分類無法幫助我們了解這個世界。雖然令人感到不自在，

2　奧斯維新集中營（Auschwitz）是納粹德國時期所建立的主要的集中營之一，約有一百一十萬人在此受難。

但事實是，人們並不符合整整齊齊、已包裝分類完畢的刻板印象；我對你來說可能是「有兩個媽媽的孩子」，但我並非跟所有擁有兩個媽媽的小孩一樣，也不是所有擁有兩個媽媽的小孩都會跟我一樣。

友善待人意味著你不把人們分類、貼上標籤——你試著發現他們的模樣。而此一通則適用於每一個人，不管別人想幫你貼上何種標籤。

同性婚姻和其他各項 LGBT 權利的支持者不能盲目地將所有反對人士視為「偏執」、「可憎惡」或「無知、觀念保守」的人；雖然，的確有些反對同性婚姻是這樣（我正在看著你，弗雷德．菲爾普斯），但這不表示能以偏概全。否則，這目光短淺、驕傲自大的說法，意味著你在其他人的經驗上學不到任何東西。

如果你不花時間與人交談、認識他們——如果你不友善——很容易地，你將會覺得我們彼此之間存在極大的差異，不論在各種深刻的意義上，並抱持著此念過完一生。但我們若不願意了解彼此，又如何能期待了解這個世界？我們若不願意與他人交流，又如何能了解他人？還有，當看見別人與我們有著些微差異，轉頭就走的話，我們又如何能期待與他人交流？

如果你真的花了一些時間，停留於此，並捫心自問，進一步了解不同信仰、國籍、種族的人們，你將會發現，比起將我們分割的種種，我們其實是更團結牽連在一起的。

我們的相同之處，遠遠多過彼此之間的差異。

第六章　虔誠

My Two Moms

我媽媽們最近一次從俄亥俄州回來時已經很晚了，她們不大開心，但當然不是她們自己造成的。泰莉全身癱軟，在歷經一整天的長途旅程後更為明顯，她看起來悶悶不樂，臉色幾乎可說相當陰沉。

去俄亥俄州已變成她們的固定行程，雖然潔比和我還不清楚目的為何。我開玩笑跟尼克說，她們可能是某個組織的間諜，因為呀，說實在的，這主意太棒了！誰會猜得到四十歲的女同性戀會是間諜？我不大過問她們的行程，也許因為當媽媽和杰姬週末不在家時，就由我們的保母「做主」，意思是可以熬夜、玩電腦遊戲、吃各種棒透了的違禁品。

我幫她們打開行李、把東西歸位，衣服丟進洗衣機，然後我們全都坐在晚餐桌旁，吃著保母離開前即已準備好的晚飯。我們打趣說了些歡迎回家的話，接著，在講解完關於自我約束價值的例子後，泰莉看了杰姬一眼，依舊神情肅穆，點了點頭。

杰姬手伸進後背包，但拿出來的不是皮包，而是薄薄一疊看起來很專業的三摺頁手冊。在一陣令人窒息的沉默後，接下來杰姬跟我們說的話徹底改變了我們家的生活。杰姬告訴我們，早在二〇〇〇年我們搬到愛荷華之前，媽媽已經被診斷出患有多發性硬化症；她繼續說了些關於此種疾病的特色，以及她們如何進行治療。她的語調聽起來十分陌生，我有點聽不進去。泰莉沒說什麼，不是因為她沒有話要說，而是因為她找不到合適的言語。

後來我才知道，為了尋求減緩泰莉病情速度的方法，她們到俄亥俄州的克里夫蘭診所（Cleveland Clinic）看診——全世界最為先進的多發性硬化症治療中心之一。根據專家的說法，她的病況不是「很糟」就是「非常、非常糟」；而她的診斷結果從初發惡化型（Primary Progressive MS）變成後續惡化型多發性硬化症（Secondary Progressive MS）——她惡化的速度正在加劇。

在這段談話結束、我也洗過全家的碗盤後，我靜悄悄地回到自己的房間，深深感到震驚和無常。我試著讀點《星際大戰》系列的書，揮去腦海中那些方才討論的話題，但卻沒有用。所以我只是躺在床上，任思緒漫遊，暗自希望自己剛剛有認真聽杰姬講話就好了，但其實也還滿慶幸沒聽進去。

那一晚，當每個人都睡著了，我再也藏不住擔憂和好奇，於是溜下床跑到廚房，仔細閱讀那份手冊。即使我的閱讀能力還不錯，但上面詳列出各種硬化症的症狀遠遠超過一般成人的理解範疇，更遑論一個自以為是的十二歲小孩。

「視覺神經炎，」**我有一本關於視力錯覺的書……**「眼球震顫症」……「視辨距不良」**什麼呀？**「認知功能失調」**喔，等等，認知，我們有學過這個詞，意思是思考。功能失調，這跟功能失常的意思一樣嗎？我知道那是什麼意思了，《星際大戰》裡的太空船總是不斷故障。她的思考能力損壞了嗎？**

我持續讀著，慢慢拼湊出多發性硬化症是一種影響腦部及脊椎神經的疾病，會使人失去肌肉控制能力、視力、平衡感及知覺。關於失去感覺這部分有點說不通，就我所知，我媽媽的臉部總是在承受極大的痛覺。

「勁兒[1]」，她這麼稱呼它，第一次感受到是在念醫學院時，臉部突然一陣急劇疼痛。她描述勁兒就像是一道電流，跟把手指頭放進插座裡的感覺差不多，會有一股使人癱瘓的灼燒感，沒有任何方式可以中止，只能等它自行消退；有時候那痛苦實在太過劇烈，迫使她整個人緊緊抵住牆面。雖然有些效力強大的藥物可以短暫地壓制這股痛覺，但一旦發作起來，就算是嗎啡這樣的麻醉藥物也沒有用。

其中一份手冊摺頁打開後，是張女性身體的醫學圖示，上面列出各項硬化症的症狀——從視力模糊到肌肉無力——標示症狀的箭頭幾乎佈滿了整個身體。還有一句我完全了解、戒慎恐懼的戲劇化說明：「目前仍沒有方法可以治癒多發性硬化症。」

參加童軍時，我每個星期一晚上都會發誓「要為上帝盡我的義務」，這是我很看重的責任，也在黑暗時刻照亮了我前方的道路。信仰，在我們試圖於泰莉的多發性硬化症所帶來的試煉與苦難中找到方向時，顯得特別重要；而這趟旅程從一開始我們以為可以治癒、到不可能治癒，變得更為艱辛困難。

在泰莉的診斷結果出來前，我的信仰主要來自學習的經驗。我每週都會在一神普教派教會上課，學習關於我自己、《聖經》、其他信仰的本質，及我宗教信仰的歷史。如今，教會已經不只是學習，或一個可以認識沒有偏見的新朋友的地方；而我的信仰現在已是某個我內心倚靠、尋求支持的來源。

如果我們沒有經歷那些與多發性硬化症的種種纏鬥，我不知道自己是否了解，為什麼艾絲特奶奶那麼不願意質疑天主教教會對於同性婚姻和同性戀者的立場。我現在明白，就算只是考慮是否要挑戰教會的立場，都是質疑她自身所倚賴的信仰力量。即便我通常能理解她為何固著於自己的信念，要時時記得這一點也並非易事。二〇〇九年，當她拒絕來愛荷華參加我媽媽們的正式婚禮時，我非常、非常失望，有時候仍會以不恰當的方式表達我的挫敗感。

泰莉的媽媽，也就是露薏絲奶奶，對於婚姻也有類似過不去的地方。當泰莉和杰姬要舉行婚禮時，她說她不來了，即使我媽媽們特地選在她生日的那一天結婚。她仍說自己得工作；我媽了解她自己的母親，明白這與工作無關，而是跟她的宗教信仰、及那一代的觀念中認為她女兒是怎麼樣的人有關。仔細思量這一切後，我媽平靜地接受了。她的父親已經過世，母親不會前來參加婚禮，所以她邀請了父母親生平最要好的朋友——席維斯特和達琳。席維斯特和達琳不只是她們家的老朋友，他們倆證明了有一種朋友會幫助我們成家。在出席我媽媽們婚禮的路上，席維斯特和達琳決定要先到露薏絲奶奶家，提醒她一下；而奶奶正在家裡忙著「不工作」。

對於仍緊抓著同性婚姻議題、熱切討論的人來說，這場論戰並不在於政治黨派或宗教信仰之分；這也不是《憲法》或甚至道德問題。這裡的掙扎不在於你與另外一個人意見相左，而是在於你的腦袋和心之間。宗教信仰——不管是耶穌基督、阿拉、佛

1　勁兒（The Zinger）原意為妙語警句，或突如其來、令人感到震驚的消息；在此作者的媽媽藉之形容每次病症發作時的異常疼痛。

陀或猶太真神——都不應該成為無法善待他人的藉口。最終，尊重他人的信仰會回歸到你是或不是什麼樣的人。

席維斯特和達琳，兩個以天主教信仰為全世界的人，告訴露薏絲奶奶如何不用腦袋分析、而用心來感受生活，正視她內心早已知道的真理：她所感受到對丈夫的那種「異性戀」之愛，跟泰莉對杰姬的「同性戀」之愛並無不同。我們的心知道，愛就是愛，且是多麼美麗、美好。

「泰莉就像我們的女兒，」席維斯特告訴露薏絲奶奶，「我們要去支持她，妳也要一起來，妳不會想錯過自己女兒的婚禮的。」

露薏絲奶奶的態度軟化了。

在我們抵達教堂時，席維斯特、達琳和露薏絲奶奶已把貨車停在那兒，席維斯特笑得很燦爛，露出整排的牙齒。「我們才不會錯過這一天呢！」他操著粗啞的中西部口音，從搖下的車窗向外嚷嚷，那是讓自己音量大過於農場設備嘈雜聲響的習慣。在他停好貨車後，露薏絲奶奶激動地擁抱我們每一個人。

席維斯特和達琳的好心腸，讓我奶奶明白如何為她女兒及我們感到開心——真正的開心。他們也為我立下最佳典範，讓我明白所謂的基督信仰和虔誠是怎麼一回事；席維斯特在二〇一一年夏天去世之前，他和達琳皆積極參與教會，擔任宗教教育課程的老師。對我來說，他們體現了所有宗教最美好的部分：將他人的需要擺在自己之前。

六年級時，某個十一月的午後，我剛巡邏完校園、結束學校糾察隊的工作（大概跟自我感覺良好的大廳監視器差不多），準備回家。那天是星期五，我打算在去看潔比的歌舞劇演出前，先跟尼克到處晃晃，然後邊吃披薩、邊把看了上千遍的《魔戒三部曲》放來看。當我正要離開學校時，糾察隊負責人尼爾森女士要我跟她到辦公室去，雖然她保證我沒有惹上任何麻煩，我還是很忐忑不安——每個小孩在被告知要跟著大人到辦公室去的第一個反應都是「噢，糟了」。

我們走進了校長辦公室，泰莉坐在其中一張椅子上，她整張臉發紅，還帶著淚珠——這實在很不尋常。

我媽媽看著我，顫抖的嘴唇向下微彎。由於她說不出話來，尼爾森女士於是開口說話：「查克，你的露薏絲奶奶……」

這幾個禮拜奶奶一直都跟我們住在一起。泰莉決定要把她帶過來，以縮短往返奶奶家和我們家之間的車程；既然奶奶獨居，加上自從七年前心臟病發作後就沒有完全康復，於是她便搬過來跟我們一起住。我們甚至開始稱呼地下室那間比較大的客房為「奶奶的房間」。

我很喜歡露薏絲奶奶來拜訪我們，因為這表示她會做派——不管是哪一種大家都說好吃的派。檸檬蛋白派、香蕉奶油派和巧克力派是最受歡迎的，但當藍莓盛產時，她也會做非常出色的藍莓派。

但現在，奶奶這週烤的巧克力派，是她做的最後一個派了。

「你的露薏絲奶奶，」尼爾森女士又說了一遍，我坐在她辦公室中，橘紅色的糾察隊肩帶垂掛在椅邊。「她今天早上過世了。」

我腦海中閃過前一晚的畫面，泰莉和杰姬正在潔比的排練現場，露薏絲奶奶跟我在家——她要看的是首演——但我們沒有如往常那樣玩拼圖，我選擇玩電腦遊戲。那時不覺得有什麼大不了。

聽到她逝世的那一刻我沒有哭。我感到麻木，自泰莉被診斷患有多發性硬化症以來，我意識到自己對上帝的些許疑慮已變為全然的懷疑不信。當你還小時，或者就算你已經長大成人，失去至親摯愛會讓你與其他身邊的人的關係變得極其脆弱，使你質疑一切的事情。

那天下午我和我媽回到家，杰姬將我緊緊摟在懷中，在那一刻，我才從震驚中醒來，開始掉眼淚。早上潔比知道奶奶過世後，就回家跟杰姬待在一起，但她最後仍決定要上台表演，她深知奶奶也會支持並鼓勵她做這樣的決定。跟杰姬擁抱過後，我也抱了潔比，緊緊抱著她，暫時忘卻兄妹之間的爭吵與不快。

我們一家四口，雖然少了一個成員，仍一起站在廚房中祈禱、靜默。

過了一會兒，泰莉說潔比差不多該出發準備演出了，潔比點了點頭，走向冰箱要拿些食物在路上吃；她露出痛苦的表情，不發一語，從冰箱取出最後一塊露薏絲奶奶做的巧克力派。

我沒有辦法專心看演出，雜耍般蹦蹦跳跳的狗兒們無法吸引我的注意力；我仍執著於自己前一晚怎麼會上樓玩電腦遊戲，讓露薏絲奶奶獨自一人在房裡看羅曼史小說。

我沒辦法停止不去想，為什麼上帝不讓露薏絲奶奶跟我道別就把她帶走？

在後台的潔比正忙著解決手邊的問題；她非常努力排練，讓自己全力以赴，但輪到她上台演出的前一刻，有個小孩只是說了句：「我聽說妳的奶奶死了。」這對潔比來說實在難以承受，她崩潰了，無法上台。

當輪到她的那一段，她卻沒出現時，我馬上就明白發生什麼事了，為她深深感到難過。我為我媽媽感到難過，也為自己感到難過。

表演結束後，我媽仍在處理潔比在後台崩潰一事，杰姬先載我回家。她把黃色的日產（Nissan）越野車開進私人車道，我們下了車，站在庭院前。地上還沒有雪，冬天的空氣清澈，天空澄淨。

「你知道嗎，」杰姬說，「有個護士要我跟你說，你今晚看到的第一顆星星就是露薏絲奶奶正在看著你。」我別過頭，身子發抖。「但你已經夠大了，我想，是能明白這一切將會很難受的年紀了。不過，我保證，會愈來愈好的。」

我點了點頭，抱著她一起走進屋內。

葬禮在埃爾卡德舉行，是個位在愛荷華州東北邊的農業城鎮，約翰爺爺也在此長眠。露薏絲奶奶葬在她丈夫與她女兒瑪麗．艾倫中間——這個女兒在出生後十二小時即離開人世。在教堂禮拜及墓地旁的儀式於冷風中結束後，我們開著杰姬的越野車去農場，就在城鎮的北邊，也是爺爺奶奶撫養我媽及她兩個哥哥長大的地方。

在二十分鐘左右的車程中，所有人皆不發一語。

我們下車後，潔比帶著半透明的塑膠容器到溪邊去，我手拿著一把小鏟子，跟在她後頭；潔比找到一處離冰冷小溪不遠的地點，而我開始挖掘那冰涼、泥濘的地面。

潔比小心翼翼地拿起露薏絲奶奶做的最後一塊巧克力派，輕輕放進那淺淺的墓穴裡。我們在那裡多待了一會兒，杰姬抱著快要無法站立的泰莉。我重重嘆了一口氣，拿起鏟子將派埋了——心底明白，自己再也無法回到那個沒有跟露薏絲奶奶共度的最後一晚了。

虔誠的價值

我想虔誠最重要的一點是，我們都有自己的信仰，自己一套支持、宗教信仰與敬畏的系統，這樣很棒。這些都很重要，我們應該要尊重彼此的信仰體系，不試圖在他人不願意的情況下改變他的系統，也不應該將自己的系統強加於他人之上——如果這麼做將會傷害到任何人。

就我個人來說，我並不在乎你的宗教觀點為何，只要你不因別人的信仰和你不同，就將不必要的痛苦強加於他們身上。這在一神普救派的信仰中是非常普遍的觀點，因為大多數的我們都相信，沒有人能完全壟斷真理（有個一神普救派的老笑話是這樣說的，恐嚇我們的最佳方式是在草坪上焚燒問號[2]。這不只是一神普救派的信念，也是童軍的信念；穆斯林、印度教、佛教、天主教和新教信徒都能一起參加童軍，這也鼓勵我們不要質疑他人的動機或信仰，但要為此歡慶、彼此學習。**「童軍對上帝是恭敬的，忠實履行在宗教信仰方面的義務，並尊重他人的信仰。」**

然而，在所有民主社會當中，一定都會存在著差異。我看著《獨立宣言》，讀到：「人人生而平等。」里克．桑托倫[3]看著《獨立宣言》，但讀到：「每個人皆是造物主所賦予的生命。」[4]我相信權利是人類與生俱來的，桑托倫則認為權利來自於上帝，沒有上帝，就沒有權利；但我不同意。

2 歷史上三K黨會在基督徒住家外的草坪上焚燒十字架，以示恐嚇；這裡作者以此說明一神普救派的代表符號。
3 里克．桑托倫（**Rick Santorum**）是賓州前參議員，亦為廣受保守基督徒支持的共和黨員。
4 原文為 **All men are endowed by their Creator**。

如同信仰是我生活的核心，我當然知道對很多人來說，信仰是非常、非常重要的；那些投身於辛苦的慈善工作的，比起僅是合掌禱告的人們，改變了更多的生命——此點我深信不疑。

我看見我的媽媽用盡意志力從輪椅上起身，每晚熬夜、不間歇地工作，想找出打敗病魔的方法——不再讓它奪走她夢想與家人分享的未來；我看見她好轉的奇蹟，相信我的家庭受到的祝福比我們應得的要多上許多，但我沒辦法看見在上帝手中，泰莉將會完全痊癒。

就像我們看不到上帝讓那些我媽媽在專業生涯中照料過、手腳痲痹的退役軍人重獲四肢一般，我也無法相信上帝會在任何人的健康上插手。然而，上帝是我們在飽受艱苦時的力量來源，沒有上帝，我不知道在泰莉的多發性硬化症最為嚴重的時候，我的家庭會是怎樣的光景。

當我告訴人們我是一神普救派的信徒時，對方通常都是一臉茫然；這不是個普遍的教派，也很少在流行文化中被提起——電視影集《辦公室瘋雲》（*The Office*）的觀眾可能會記得當菲莉絲的先生，包柏·凡斯說自己是一神普救派信徒時，安琪拉以為那是辦公室被詛咒的原因——我會解釋說，此一宗教信仰源自於新教某個較為包容的支派，其信仰觀點不少皆是從自然神論而來——自然神論是在啟蒙時代相當普遍的宗教哲學，從班傑明·富蘭克林、美國總統詹姆斯·麥迪遜[5]到湯瑪斯·潘恩[6]皆是此哲學觀點的追隨者；一神普救派——總統約翰·亞當斯、約翰·昆西·亞當斯及湯瑪斯·傑佛遜的宗教信仰，與自然神論觀點一樣以自然律法、理性和知識為主，相信上帝的存在，但對迷信抱持懷疑的態度。

一神普救派信仰還有七項核心概念，通常呈現如下——

我們是一神普救派協會會眾，在此承諾要宣誓並促進：

每個人與生俱來的價值和尊嚴；

人類之間的正義、平等，及同理心；

會眾之間彼此接納、鼓勵靈性成長；

自由、自我負責地尋求真理與意義；

在會眾內及社會上秉持正確的良心指引、民主進程的方式；

追求全人類所共享的和平、自由、正義的大同世界；

尊重世間生命，而我們亦身為其中一員、彼此連結。

身為一個年輕的一神普救派信徒，宗教教育課上我們學習並參訪了愛荷華市內各種不同信仰儀式舉行之處，如在地穆斯林信仰的清真寺，猶太教教堂，許多基督教

5　詹姆斯·麥迪遜（James Madison）是美國第四任總統，亦被稱為「美國憲法之父」。

6　湯瑪斯·潘恩（Thomas Paine）是英裔美國思想家，曾參與美國獨立運動，一七九一年完成《人的權利》（*Rights of Man*），為啟蒙運動重要的著作之一。

派——從回歸簡單生活的孟諾派（Mennonites）到搖滾的福音派（Evangelicals），傳統中國祠堂，甚至是修道禪院。

我們去的每個地方，若遇到其他同齡的孩子，幾乎都會問我們同樣的問題：「等等，你說你是什麼？」

輕嘆了一口氣，我翻了翻白眼，開始解釋我是個一神普救派信徒，並拿出掛在頸間的小型杯狀銀飾品做為輔助說明的道具。

兩個圓形代表二元性，一為生命之圓、另一為萬物合一，意即「一神信仰」；銀飾的杯中有火焰，一路上為我們照亮及指引方向。「去哪裡的路上？」他們通常會這麼問。人生之路，我想；也許通往救贖，那通常就是「普救」之意，「普世得救」。

不是什麼地獄之火的懲罰之類。我的兩個媽媽被自小接觸到大的基督信仰拒絕後，皆成為一神普救派信徒；一神普救派認為一個人的性傾向——我媽媽們知道自己無法控制或改變的——不可能是罪，也不應該因此將她們視為次等的生命個體。

我也從中觀察到一個有趣的現象。《聖經》，追根究柢而言，明確表示妻子應要完全順服自己的丈夫；然而，我們的社會決定這部分是錯的，且這部分早已不存在於主流宗教信仰或哲學思想之中。即使是從不認錯的保守女性基督徒，米歇爾．巴克曼，也在二〇一二年總統大選的某場辯論對此《聖經》詮釋讓步。

但是，同一群信徒卻轉過身來說，「這個嘛，女人當然跟男人一樣值得受到尊重，可是同性戀？絕對不行。」當我在巡迴演講時偶爾會聽到這個說法；而在愛荷華農村地區的話，人們很常這麼說。

我通常會採用在一神普救派宗教教育課堂上學到的某個譬喻來回應。我不是專家，但我認為《聖經》不是用來打擊人心的。你不能只拿那些你喜歡的部分、堆在盤上，卻留下那些你不喜歡的；你尤其不該為了規避法律，只說明自己盤中的東西、而沒解釋其他留在後頭的為何。

當你引述《聖經》來合理化婚姻僅限於一男一女之間、並要以此定義法條時，照此邏輯，你也應支持將女性處死的法條——若她們在婚前無法證明自己是處女的話；或是婚姻不是基於愛、而是安排而定的法規，還有不同宗教信仰間的婚姻是違法的。

但無人爭辯上述說法。事實上，「同性戀是種罪」似乎對某些人來說，足以定義其他種類的罪皆不算數；很多其他種類的罪，如通姦，就能被忽視，且那些犯了通姦的人完全不會受到社會排擠（嘿，紐特！），但是同性戀者卻因為先「選擇了另類的生活方式」而被拒絕在外——彷彿從來沒有其他人「選擇」犯罪，而同性戀者用盡所有的時間就只做同性戀的事。

我沒有辦法將我媽媽們的性傾向——或任何其他人的性傾向，視為他們最重要的部分。我自己的性傾向在我人生中，也並非佔了很大一部分，讓我認為能精準總結出我是怎樣的人，或是完整說明我至今為止的人生為何。同性戀或異性戀、白人或黑人、伊斯蘭教或基督教等標籤，或許能使我們在試圖理解這個瘋狂世界的日常生活時，變得更容易些，但運用在我們訂定重大政策時，卻是十分薄弱的參考。更重要的是，我們必須謹記，雖然在心底先將他人分類、標籤是較為容易的，但在你花時間真正去了解一個人之前，你永遠不是真的認識他或她。

也沒有任何標籤可以取代面對面的真誠對話。

第七章　助人

My Two Moms

我媽媽知道自己不能再跟家人一同騎著單車了，但她變得愈來愈堅持、甚至到了瘋狂的地步——拒絕自己的行動被限制在輪椅上。在我高三那一年，我媽試盡各種方法以減輕多發性硬化症的症狀；她在客廳徹夜未眠，鑽研一篇又一篇的醫學期刊論文。她並非懷抱著完全復原的想法，只希望能減緩自己的病症惡化速度。去看了某位物理治療師後，她大幅改變飲食習慣；但那一年下來，她的病情似乎沒什麼進展。

某個下午我正在演辯社練習的時候，接到她打來的電話。「嘿，查克，」她說，我幾乎辨別不出那是她的聲音；她的語調聽起來很緊張，而且一副累壞了的樣子。「你可以來載我嗎？我在柯拉維爾，物理治療師這邊。」

我縮短了練習的時間；當我抵達治療師的辦公室時，發現她筋疲力盡地坐在候診間。她幾乎將所有的重量都靠在我肩上，我們蹣跚地走出診所、回到車上；回家途中她閉上雙目，面色發紅，不發一語。我的車子十分老舊，我知道每一次的顛簸都會加劇她的痛苦。

回到家後我做了晚餐；泰莉已經停止食用任何含有小麥、乳製品或蛋類的食物（她推論這些東西全都會惡化她的病症），現在幾乎只以水果、蔬菜和有機肉類為食。我們家的飲食選擇因此大幅減少，但做晚餐也變得相當容易。我已摸索出如何為我媽準備她最愛的料理——羽衣甘藍沙拉搭配柑橘類水果。

她坐進餐桌旁特製的椅子，沉默地讓自己休息、恢復氣力。我當時不知道她才剛做完第一回合的電刺激療法，或簡稱「電療」——她第一次讀到這種物理治療的方式，是在退伍軍人醫療中心進行研究工作的時候。按照傳統，菁英運動員在激烈運動後會使用電療以幫助修復，但使用在患有神經退化性疾病的病人身上是前所未見的；雖然她累到無法說話，但她才剛完成第一項可能會在復原之路上扮演重要角色、甚至能以「奇蹟」形容的治療——而我從不輕易使用那兩個字。

然而，即使她的病情不再惡化，甚至可能有點進展，我們對於是否應懷抱希望仍猶疑不前。畢竟，身為一個醫生，泰莉是第一個認知到完全恢復是不可能的人；病情從每況愈下突然來個急轉彎、開始好轉起來，似乎是不大可能的事情。

但是再一次地，泰莉總能完成一些別人認為不可能做到的事。

在她的治療有所進展時，她可以從輪椅換到電動機車上；由於她的背部力量恢復得很慢，整個人的力氣仍相當薄弱，但即使如此，當她知道我要去參加全國辯論總決賽時，她堅持要跟著我們去參賽。老實說，我有點尷尬，雖然那時她已能使用電動車、無須用上輪椅了，但她仍不能算是健康的人。

全國總決賽共有四天，而她必須從頭到尾都使用電動車代步。我們來到了比賽地點，是一所位在拉斯維加斯的學校，那裡的溫度破百[1]，又熱又乾燥。

我打開車廂，伸手將電動車取出來——但就是沒辦法。帶著挫敗無比的心情，我

1　這裡指的是華氏一百度，相當於攝氏四十度以上。

更加用力，但電動車卡在租車內部某處。在熱辣辣的太陽底下，為賽事焦慮的我，身上的黑色西裝內冒汗如雨，失去所有耐心。

「老天！媽，」我對著坐在車子前座的她大吼，不再抬著車，任它重重摔在後車廂內；我衝向我媽坐著的地方，副駕駛座的車門半開。「我沒辦法！」我大聲、憤怒地告訴她，「我現在沒辦法！妳要自己解決！」

她坐在那兒，身著背心短褲，白色短襪蜷曲在萎縮的雙腿上。她的臉上出現震驚及愧歉的神色，張大了嘴，說不出話來。

在那一刻，我腦海中閃過人生中因為她而必須承受的各種苦難：應付她的多發性硬化症，恐懼他人發現我們家與眾不同，還有那沉默、因折磨而產生的憤怒。即使只能步行一小段距離，我媽媽仍希望能在那裡與我共享勝利的時刻；她當然不想讓我尷尬，或把事情複雜化，但她若沒來的話，她永遠也不會原諒自己。那就是我媽，她總是希望自己能幫助到別人，以母親的身份來到全國總決賽、親眼目睹孩子實踐夢想。為了迎合她，我假裝因為她加入我們的參賽之旅而興奮不已，但現在我卻露出馬腳，無法再隱瞞真相。

我們眼神對望，她即將眼淚潰堤。我為她眼中的悲痛感到驚愕，我退縮了，不敢置信自己剛才說了什麼話；一股羞愧感流竄全身，我不停道歉，原先對她的挫敗感馬上轉為自我厭惡。我不敢相信自己剛剛做了什麼事，只好用雙臂緊緊抱住我媽，說：「對不起、對不起、對不起。」

幫助別人有時意味著將他人的需要擺在自己的需要之前。而當你無法面對挑戰時——如同我在拉斯維加斯那個炎熱的夏日，無法幫到我媽媽——你會被失敗困住，窒礙難行。即便擁有極佳的價值觀與自制力，我們都難免會有失手的時候；沒有人是完美的，唯有在你面對失敗時的感受及當下的反應動作，才能說明你是怎樣的人。

我的媽媽們以身作則，兩人的人生皆奉獻於助人；她們的職業都是服務那些有需要的人們，在愛荷華退伍軍人療養中心照護我們國家的男性及女性軍人。泰莉是一個內科醫生，在療養中心的多發傷科工作，照顧那些頭、頸，或背部嚴重損傷的退役軍人；這些傷害皆來自於創傷後壓力症候群，是一種被稱為「沉默殺手」的心理狀態，發生在於伊拉克或阿富汗從軍後返回家園的人們身上。杰姬是一位護士，在門診部工作，看護那些復健中的退役軍人，幫助他們重新以雙腳站立起來。她們談起自己的工作時，皆以此為榮，對服務的對象感到敬佩不已，也很珍惜能有這樣的機會從事自己喜愛的工作。

在成為鷹級童軍的過程中，無庸置疑的，這也是一段服務的旅程——服務家人、他人及自己。我發現，服務是一項謙卑、豐富的經驗。直至今日，我仍清楚記得我們幼童軍隊聖誕夜第一次到馬什菲爾德的聖卡羅，拜訪一家老人養護院的情景；尤其現在回想起來，還記得那時的我對整件事有多麼興奮緊張——我們全都是如此——那些老人家又因為我們的來到有多麼開心；那次的拜訪是很棒的聖誕節回憶。

在那裡我學到重要的一課，我們每個人都擁有許多權力，能自由選擇運用以增進他人福祉；有時候，這些選擇明確到我們根本不會意識自己做了什麼特別的事。我學習到，幫助他人改善生活的機會常常就近在眼前。

超過十年來，每週的童子軍會議一直都是我們家庭生活的重心。小隊會議的規劃都是小隊隊長的責任，其工作繁多，就像老師要備課，或牧師準備講道一樣，小隊隊長不是寓教於樂，就是既沒達到教育目的，又讓大家感到無趣。他們也像老師或牧師般，需要具備慷慨付出的特質；如果小隊隊長能讓每次會議充滿樂趣，吸引所有小男孩的注意力，那麼這個小隊就會成功。為每一個組織層級找到願意奉獻自我的隊長人選，常常是童軍團最困難的任務。

我第一年參與童軍時，絕大部分的時候我們的會議只比混亂無組織的情況好一點。我們的小隊隊長要管理二十個以上的小學一年級小男孩，連要我們聽話都很困難，更別說要完成工作了；此外，他完全不知道要怎麼激勵或指導年輕人。在升旗儀式及背誦幼童軍團的誓言過後，我們的會議很快就解體了。

某次在所有家庭皆出席的會議上，大家一致認為這個小隊實在太大了，於是決定拆成兩個團體，這表示我們需要一個新的隊長。每個人都知道小隊隊長每週的磨難，所以無人自願欣然接受這個「機會」；大家面面相覷，心想誰會接下這個任務？誰會站出來服務眾人？

有人舉起手來，是坐在我旁邊的女性。

於是我們小隊的所有男孩都多了一個媽媽。接下來三年，身為無數個童軍的小隊媽媽，杰姬以身作則實踐了幼童軍團的座右銘：「盡你所能。」最終也體現了童軍「日行一善」的口號。

杰姬成為近年來我們團裡最受歡迎的小隊媽媽之一，而泰莉會在下屆團長尚未決定時幫忙擔任臨時團長，她們兩人因此認識了我們隊上所有人的爸媽。其他家長愈認識她們及其生活所依據的價值觀，這些價值觀在家長眼中，就愈成為定義我媽媽們身份的特色。她們的性傾向可能會在美國童子軍協會中被當做一回事，但對我們小隊的人來說卻無關緊要。

杰姬自願擔任隊長後，接下來十年內花了幾百個小時貢獻出自己的時間，幫忙我們幼童軍隊，還有童子軍小隊的男孩們，學習長大成為成熟的年輕男子。當我們從馬什菲爾德搬到愛荷華時，我們的幼童軍小隊送給她一幅版畫，上頭繪有一匹名叫阿奇拉的狼——此一童軍象徵源自於美國原住民的傳統文化，代表智慧、權威及領導能力；版畫上刻有文字：「獻給幼童軍能擁有的最佳阿奇拉。」因為知道杰姬要走了，他們跟要離開的我一樣難過。樂於助人的杰姬，讓隊上其中一位男孩的媽媽忍不住打電話給某個她認識的、在愛荷華幼童軍團的媽媽，告訴對方杰姬會是很棒的小隊隊長；換地不換人似的，跟威斯康辛的小隊一樣，愛荷華的家長與男孩們很快就喜歡上她。

杰姬成為小隊媽媽後，我第一個跟她一起在童軍的回憶是製做捕夢網。杰姬告訴我們，美洲印第安人已使用捕夢網長達好幾世紀，以驅逐惡夢、留住美夢。她知道那正是我所需要的；一直以來，我夢見自己三歲時在托兒所跌斷大腿骨，痛苦地被禁錮在高達腰部的石膏模內三個月之久——那對一個小孩來說簡直等於一輩子。

其中有段情節特別恐怖，四年來我不斷重覆夢見同樣的夢境。在夢裡，我被一隻迅猛龍追殺——還不是普通的迅猛龍，牠的眼睛如雷射槍一般——這真是我最喜愛的兩樣東西的最糟結合。我仍被困在石膏模型內，只能勉強跛行、無法逃跑，那隻迅猛龍追趕我、將我逼到角落；我可以聽見牠的呼吸聲，自己卻幾乎喘不過氣來。接著，我感到一股熱氣，牠即將靠過來殺了我，我開始尖叫大哭，但就是醒不過來。這時我妹妹會被吵醒，開始跟著一起哭。

我不知道杰姬是否因為想到我才設計這個活動，我只知道自己要做出最棒的一張捕夢網。為了捕抓惡夢的目標，我記得自己認真想著要挑什麼顏色的紗線和串珠，彷彿那是我這輩子做過最重要的決定。這可不是在開玩笑。

我們每個人都拿著一個金屬圈，擺在面前，聽杰姬解釋印第安人為何將此當做力量和團結的象徵。「團結表示我們同在一起，」她說，「就像我們的小隊及童軍團一樣。」我們開始從金屬圈的中心編織紗網，那張網將會捕抓我們的惡夢，並使其留在網上，被隔日第一道陽光燒灼殆盡。為了要吸引美夢前來，我們在紗線上編上閃閃發亮的串珠，引領美夢穿越捕夢網；美夢從網中央的洞口穿過後，會順著掛在底部羽毛滑落，進入熟睡的人夢中。我繫上兩根羽毛，等不及要回家把它掛起來。

那一晚，我在床邊掛上捕夢網後，我再也不做惡夢了。你可以說這不過是民間傳說、或自我暗示，或任何你喜歡的解釋——無論如何，它奏效了。如今的捕夢網已經有點商業化，但那張捕夢網仍掛在我床邊。因為杰姬的幫助，我再也不必受到惡夢的侵擾。

幼童軍團每年最大的盛事之一就是松木賽車，參賽者要從童軍認可的材料，包括松木塊、塑膠車輪和金屬車軸，手工製作出一台賽車來；完成的賽車將在木頭跑道上一同較勁，跟肥皂箱賽車[2]的概念一樣，完全只靠重力前進。松木賽車是某個幼童軍團團長的發明，當時他的兒子年紀太小，無法參加肥皂箱賽車；一起製做松木賽車是增加父子互動的良好時機，過程中包括雕刻、上漆、調整車子重量使其達到最高時速，皆需兩人協力完成。在童軍文化中，爸爸通常會承擔起絕大部分較為吃力的工作。

但我沒有爸爸，而我媽媽們除了一般家用必備的鐵鎚、螺絲起子及扳手外，也沒有任何可說是工具的東西。就一般刻板印象來說，你可能會以為像我媽媽們這種會帶幼童軍的女同性戀，應該會有一系列很厲害的工具，但其實我們必須向杰姬住在沃索

2　肥皂箱賽車（Soap Box Derby Car）為源於美國的一種業餘賽車，特色是車子不使用引擎、完全只靠重力移動前進。

市的哥哥彼特求救，他家地下室仿若天堂般存放一整套專業的工匠工具——他後來開了家五金行，可說是為此提前準備。彼特的青春期兒子，萊恩，對車子和工藝技術十分著迷，答應要幫我完成賽車。於是杰姬和我開車到他們家，我腿上放著四塊錢的零件，腦中已想好設計概念：我喜歡蝙蝠俠，所以要做一台蝙蝠車。

萊恩和我合作無間，他就是那個啟發杰姬買給我第一套樂高玩具的姪子。每一年，萊恩和我在聖誕節早晨都會得到一套新的樂高，我們兩人就會在當天晚上組合完畢；我媽媽們會像對待無價的藝術品般，小心翼翼打包我的作品、運回馬什菲爾德。但是，木雕和組裝塑膠玩具是完全不同的兩回事。

我們先從那一塊松木下手，開始用帶鋸機和小刀削木頭。我說的「我們」——就像絕大部分跟我同齡的其他幼童軍，我指的是那位知道自己在做什麼的人；我自己只是坐在一旁，看著萊恩雕出了蝙蝠車的流線造型。

我帶著雕刻完成的賽車回到馬什菲爾德，將它漆上烏黑發亮的顏色並加上花樣，然後大媽和我用黏土捏出蝙蝠俠帶有尖耳朵的頭型和軀幹，放在駕駛座上。

比賽那天，蝙蝠車滑下跑道，以壯觀的姿態輸了比賽；我幾乎每一年都最後一名。雖然對於輸了比賽感到失望，但我就跟下一個獲獎的人一樣開心——我們小隊頒給蝙蝠車最佳造型設計獎，對我來說（幾乎）比贏得賽車更棒。

我學到重要的一課，我知道如果我完全靠自己做出蝙蝠車，根本不可能贏得任何獎項，且非常有可能因此鋸掉一隻手指頭。但有了萊恩的幫忙，我就能輕鬆獲獎。

在我們的美國文化中有個關於自立自強（Self-made Man）的迷思是，英雄是完全憑靠自我的意志力崛起、爬上最高的位置；但是，雖然不可否認地每個人都具有自身獨特的技能或強項，但唯有藉著他人的幫助——你的堂兄弟姊妹、童軍領導、父母及及社群——才能達到最大的成就。

助人的價值

我媽媽身體機能衰退至要坐輪椅的整個過程，是非常迅速又殘酷的，若沒有任何人幫忙的話——不管是在家裡或工作場所——她根本無能為力。隨著她的行動能力和力氣逐漸減弱，退伍軍人醫療中心調整了她的職位，讓她能繼續工作；在家裡時，我們所有人分擔愈來愈多的家事——幫忙，不再是選擇，而是必要。我媽媽從身體功能完全正常、世界級運動員的狀態，變成連在一張普通椅子上都無法挺直脊背坐著的人。她的下背無力，所以當我們在感恩節或聖誕節要拜訪杰姬的家人時，我得用安全帶將她綁在車內座位上。若是要一起去看電影，她得使用輪椅，或是我得帶一張無重力椅，將她掛在那張像吊床般帶有彈性繩索的椅子上，減輕她背部承受的壓力。

老實說，我發現在眾目睽睽之下將她綁在椅子上，比起我有兩個媽媽這件事要來得更為尷尬又不自在。發現自己如此年輕即擔任照護者的角色很怪，且凸顯出曾照顧過我的女性現在是如此無助。但是，當你在幫助別人時，有時你必須先克服自己不自在的地方；畢竟，那意味著你要將他人的需求擺在自己的需求之前。

這樣的關係通常是雙向的。即使泰莉工作到很晚，夜復一夜，試圖找出某種治療方式，某種至少有助於改善的方法，她仍確保自己跟我和潔比保持聯繫。她會跟杰姬一起看我們的作業、短文和計劃書；當她發現我對代數有點怠惰後，便找了個（讓我很苦惱的）家教，幫助我重回軌道。在我的私生活方面，她總是採取開放政策，若我有事需要跟她或杰姬談的話，她們都很願意放下手邊的工作，聆聽我那天的煩惱。

我媽媽們如同教科書上的助人典範，隨時幫助他人，如同每一個童軍在背誦誓言時的承諾；童軍座右銘要求你要隨時準備好，而童軍口號則提醒你日行一善。這三個承諾是同時施行的：你承諾要助人，你也能夠助人，因為已經學到如何準備好自己以幫助他人，所以你決定付諸實行——不管是你的媽媽、童軍伙伴，或是在國慶日那天看煙火時掉了手機的人。

童軍希望每個人表現出最好的一面，且並非為了金錢或因為有其他好處才如此表現。我曾讀過一篇文章，提到若是你吹噓自己做過的善事，那就不算善事了；這不是什麼正式的規定，但我感謝有人寫了這樣的觀點。我總認為，所謂的人格，便是無人觀看時，我們做了哪些、是什麼樣的人。

就美國童軍的核心而言，它就是一個服務性組織；幫助他人不僅是童軍宗旨，也是每個童軍的使命基礎。對我們許多人來說，為人服務的精神讓我們持續週而復始、年復一年的出現。因為，追根究柢，**「童軍應關心他人，願意無償為他人做事。」**

每一年秋天，我們童子軍團隊會發放塑膠袋，掛在家家戶戶的門把上，響應一項全國童軍募集食物的活動（Scouting for Food）。一週後，我們會返回蒐集袋子，希望裡頭裝滿食物以捐給需要的人們；接著，我們將袋子分類，送到各個具有慈善性質的食物儲藏所。當杰姬載著我們這一組到處取回袋子時，我覺得好棒，知道飢餓的人們有東西可吃了——不只是在我們社區，而是遍及全國各地的人們，因為童軍蒐集了好幾千萬磅之重的食物。在這過程中，我發現參與群體行動是件極富意義的事。

童軍的最高層級是鷹級童軍，要達到這個人人夢寐以求的位子必須先通過好幾個難關。你得先晉級為生涯級童軍，在團裡擔任領袖服務至少滿六個月，獲得二十一個榮譽勳章，並證明你以童軍誓言和法規為日常生活準則。

另外，每個鷹級童軍候選人都要完成一個鷹級童軍計劃，也就是嚴格的社區服務考驗。這項計劃必須是為了增進童軍以外的在地非營利組織福祉，此項要求同時也凸顯出童子軍以社區服務為主的組織性質；畢竟，無償服務自己的社區就是學習將他人擺在優先位置。童軍計劃常常是有助於整個社區，且需要付出極大的時間與心力成本，在領導與管理層面需要事必躬親。你也將獲得某種視野和動力，能夠做好事情，及將事情做好的技術與自信。

我最喜歡募集食物這個活動的原因在於，除了能幫助到飢餓窮苦的人外，童子軍也號召了社區民眾一同加入做善事的行列，擴增其他人們參與的程度。社區民眾的慷慨捐贈和我們的參與、組織及工作同等重要，沒有他們，這項計劃不可能成功。這對我來說再正確不過，也讓我相信人們希望能夠回饋社會。我決定參考這個模式，想想有什麼計劃可行；而既然我喜歡看書，我想到結合兩者的方法即是「募集書本計劃」。

因為沒辦法在整個愛荷華市推行計劃，所以我選了一些屬於鄰近區域的範圍，打電話詢問商家能否提供幫忙。其中一家叫做微風（Zephyr）的影印店，願意印刷幾份文宣，讓大家知道我的計劃和做法，而另一家海威連鎖超市（Hy-Vee）願意捐贈塑膠袋。我請童軍團裡的朋友和人們協助發放袋子、蒐集書本，就像募集食物的方式一樣。

杰姬和泰莉提供了絕大部分的精神支持和諮詢，但將實際的規劃和執行過程留給我去做。那時的泰莉必須要使用兩根楞杖才有辦法站立；因為下背部的力量不足，她無法坐直，大多時候都躺在輪椅上。但泰莉仍然想幫忙，當杰姬開著日產越野車帶我到處蒐集書本，跑了好幾趟、搬了無數本書時，她坐在無重力椅上，在書本集中處等著我們。

第一聯合衛理公會（The First United Methodist Church）——也是我們童軍團每週一晚上固定聚會之處，授權我使用那裡的地下室空間做為存放書本的地方。我們總共蒐集到五千本以上的書，這些書全都堆在一起並分類好時，地下室看起來就像一座圖書館——或是我夢想中家的模樣。

再來就是依照文類分類的工作了。退役軍人圖書館得到戰爭相關的書籍，羅曼史小說和任何「年長讀者」較有可能有興趣的書籍；童書則分送到愛荷華大學的醫院附屬圖書館，及愛荷華教育局學習閱讀計劃，後者會將書送至弱勢兒童的家庭中。

若沒有我的朋友、家人、童軍伙伴及社區成員的幫忙，我將永遠不可能募集到五千本的書，並將這些書送到醫院病患、退役軍人及兒童的手中。在很多不同的層面上，我的鷹級童軍計劃教導我重要、完整的一課，而那堂課始於萊恩家地下室、只有一個單純的想法與一塊木頭：比起獨自面對一切，當我們分享同樣的視野、一起面對希望與挑戰時，我們可以做得更多。

第八章　有禮

My Two Moms

除了在私領域內我們每個人與多發性硬化症的糾纏外，不知不覺中，我們在公領域也全都陷入政治交鋒之中。二〇〇四年九月二日，當我跟媽媽們坐在主臥室，看著共和黨全國代表大會的轉播時，我意識到對某些人來說，美國的未來容不下我們的家庭，我們也不是真正的家庭——只是一種「生活方式的選擇」。

我不喜歡用「戰鬥」或「戰爭」之類的字詞來形容LGBT相關權利的辯論，這類詞彙讓我覺得很不舒服，因為它們無可避免地將另一群人視為「敵人」。但是，當我看著這群人表達自己的政治立場，那時八年級的我突然明白，發言的人們相信我的家庭不應該存在，而且我們的存在對於「家庭價值」是種威脅。要不是因為他們，我們家不會被視為「不同」，也不會是違法的。

我不大確定要怎麼看這件事，學校作業要求我們要看共和黨全國代表大會的演說，並寫下感想，所以我跟媽媽們坐在電視機前近三小時；我的腿上放著一本黃色頁面的筆記本，貼滿紙條——都是我試著要跟上講者發言速度、生氣塗寫的筆記，記錄了最糟糕、最具煽動性的主流共和黨言論。

那項作業讓我大開眼界。

看著這些身穿西裝的人們——全都打扮得整齊、正式、總統模樣——起身發表恐怖主義的危險性，下一秒緊接著同性婚姻的威脅之說，我媽媽們都習以為常了，但對我來說卻可怕至極。我記得那時多麼慶幸潔比已經睡了，她年紀太小，實在不適合聽到自己的家庭、或像我們這樣的家庭被政府挑出來說嘴，尤其是被某個政黨的宣言攻擊。

年紀還小的我感到困惑，不是對於我的家庭或我們的價值而困惑——事實上我對這些再清楚不過，而是對於為何這些人會說出明顯是錯誤的言論而不解。最挫敗的是，這些人全都面目端正、看起來極具善意，起身一口氣說完我也同意的論點後，卻接著又馬上表示理想的美國家庭應排除像我們這樣的家庭。就我所知，這兩者間並無任何衝突才是。

回想起來，我發現他們**偏好**我們是無神論者、享樂主義者及厭惡自由的離經叛道者，總是強迫他人接受我們的「生活方式」；簡單來說，他們**不想要**與我們共享某些價值觀——他們想獨佔所有美德。他們希望我們不一樣，如果我們截然不同，就不用僅是「隔離但平等」[1]，而能奪走我們的權利。但如果我們之間的差異沒那麼大，我們彼此的共通點比差異要來得多，那他們就無法這麼做了。這方面的辯論大多很複雜，但即使是一個八年級的小孩都能理解這個部分。

我在筆記本上寫下其中幾位備受讚譽的講者發言內容，記錄下來每一段都是合理的開頭，但隨後即變成截然不同、分裂疏遠人們的語調：

1 「隔離但平等」（Separate but Equal）是美國南北戰爭結束後，南方各州所採取的種族隔離政策；表面上提供不同種族平等的設施或待遇，但在空間上隔離白人與黑人，例如同樣提供公共運輸給雙方，但白人與黑人不准同車，因此穩固了種族歧視的正當性。

「我們站出來，以寬容及尊敬所有上帝的孩子們的心意，不管他們的差異和選擇為何。同時，因為每一個孩子都值得擁有一個爸爸、一個媽媽，所以我們站出來，肯定婚姻是一男一女的結合。」

——麻州州長羅姆尼

「婚姻是重要的，不是因為它是一項便利的發明或最新的真人實境秀，而是因為它是文明的基石、家庭的基礎。一男一女的婚姻並非共和黨所發明，但共和黨將誓言捍衛這樣的婚姻。」

——議員多爾

「在這充滿變化的世界上，有些事情是永遠不變的：那就是我們每日依循而活的價值，以及賦予我們生活意義及目的的制度。我們的社會奠基於責任、人格及對家庭的承諾之上……因為一男一女的婚姻結合值得成為我們社會的榮耀，所以我支持保護婚姻、反對激進主義者的立場。」

——美國總統布希

我看了自己的筆記本，再抬頭看著我媽媽們正並肩坐在床上，背倚著床頭。我十分困惑，她們結婚了，我親眼看見她們在走道上步行至盡頭，交換婚戒。我問媽媽們為什麼電視上的人們說婚姻只限於一男一女，她們解釋她們倆的婚姻在法律上是完全空白的；就法律而言，儘管每一件關於她們倆人之間及我們家的事情真實存在，她們就是不算**真正**的結婚。

現在我回頭來看當初記錄下來的發言，想著這些在全國電視轉播上講話的人們，我知道就其本身而言，他們並非無禮，或使用貶抑的詞語描述像我們這樣的家庭；表面上看來，他們很有禮貌，且這是很重要的。我在二〇一一年一月的那場愛荷華公聽會上發言時，儘管有些人直白地說要將同性戀處死，絕大部分人們的表達可說是熱忱真摯的。雖然這個差異十分細微，可是我還是要說這些講者很有禮貌，但並非真正有禮。

當你真正有禮，你的行為舉止出自於對於互動那一方的尊重，那是一種心態。如同《童軍手冊》提醒我們的：「待人以禮表示你意識到他人的感受。」但這卻不是那些講者做的事，他們只想到自己。

追根究柢而言，沒有人要他們跟同性結婚，或甚至要求他們贈送結婚禮物給那些與同性結婚的人們。這些都跟要「改變」任何人無關；如果你反對同性婚姻，那就別跟同性結婚，但請抱持有禮的心態，也不要阻止任何人這麼做。湯瑪斯·傑佛遜曾說過：「對我來說，鄰居說世上有二十個神，完全不會妨礙到我，這件事既沒有讓我東西被偷、也沒有害我跌斷腿。」

但現在大多數反對同性婚姻的人們卻不是這樣看的，他們認為同性戀是一種特定的罪，同性戀者是特殊身份的公民——沒有權利與愛人結婚的公民。在一月份那場公聽會上，我目睹某位發言者問共和黨州代表，他和他丈夫的同性婚姻會對那位代表、或其婚姻造成什麼樣的負面影響；那位發問者想知道，究竟，他的婚姻會如何威脅到任何人？那位政客只是笑著說：「別開玩笑了，你不是**真的**結婚。」就這樣，他臉上的嘲弄說明了一切。

拒絕看見某個人如何認同他／她自己，表明你自認比那個人更具有判斷他／她是誰的能力。因為某些人或某些家庭的樣貌，不同於你或你的家庭，所以暗示其不合法，那就更失儀、失禮了。

我發現，儘管存在那些我們在電視上看到或雜誌上讀到的言論——透過強調同質性但總是呈現分裂的媒體文化而灌輸在我們身上、永無止境的二元對立思考——一個不是由異性戀組成、合法結婚的白人家庭，有兩個小孩和一隻狗，住在有白色圍籬房子中；一個由相愛的人們所組成的家庭。我在自己發言的那場公聽會上觀察到，家的價值並非來自於國家政府的告知：「恭喜你們結婚了！」家庭的意義來自於我們互許的承諾，一同走過艱難的路途、共享安樂的時光；家，來自將我們緊緊聯繫在一起的愛。那才是家庭的意義。

我看著二〇〇四年那場共和黨全國代表大會的轉播，意識到原來他們說的「捍衛婚姻」及「維護家庭價值」，意思是要阻止像我媽媽們這樣的人走入婚姻；每一個講者都提及這兩句話，每一個人在談到確保婚姻關係是多麼重要時，彷彿他們正站在被同性戀苦難折磨包圍的邊界。我注意到當時身為賓州議員的里克·桑托倫說了以下這段話：

「凱倫——我那好得不能再好的妻子，同時也是六個小孩的媽，她總是說：『里克，我們送給孩子們最棒的禮物就是美好的婚姻，因為能提供給他們所想要的安全感，以及他們所需要的典範。』」

而那正是泰莉和杰姬在超過十六年期間所帶給彼此、以及我和潔比的；認定他人婚姻不合法根本就是錯的。對於桑托倫議員為什麼會想剝奪我們這樣的家庭所擁有的安全感和典範來源，我很困惑，難道他只是單純覺得，我的家庭比他的家庭更不重要嗎？我們不應該存在嗎？

那不是美國人最後一次聽到桑托倫議員的發言，即使在他以17％之差落選，離開美國參議院後，他仍積極發言反對同性婚姻，針對此議題寫了兩本書和無數篇文章。上大學後，我的大一修辭學課程評論桑托倫先生其中一篇關於合法化同性婚姻將造成公共衛生風險的文章；儘管假裝為客觀、理性，保護「傳統婚姻」的論述，他的論證充滿邏輯與修辭學上的謬誤，包括宣稱同性戀導致HIV／AIDS的可笑說法。

「嗯，好吧，但那是荒謬的論述，」馬克，我其中一個同學說，「同性戀不會導致HIV／AIDS，與感染者進行不安全的性行為才會。」

「但是同性戀的性行為大多不安全，」另一位同學回答，「那是事實。」

我緊緊閉上嘴巴，不發一語。

「你是在跟全班同學說只有同性戀才會有不安全的性行為嗎？」馬克回答，大部分的同學都笑了。這是非常荒謬的說法，根據二〇〇八年疾管局的研究，每四個青少女中就有一位患有性病。

事實上，這個關於公共衛生的論點很常被用在同性婚姻的辯論之中，但同時也是很站不住腳的例子，我在中學參加演辯社時常常遇到——搞不清楚「因果」和「相關」的差別。「因果」是A導致B會發生的直接關係，而「相關」是A和B常常一起出現的不直接關係。

舉個例子：就事實來說，海盜逐漸開始消失的時候，也是全球平均溫度逐漸升高之時；海盜的滅絕導致了全球暖化嗎？當然不是。但在全球平均溫度與手持彎刀、喝得爛醉的獨眼海盜之間的確有某種不可否認的相關性。

同性戀不會導致愛滋的感染。你會發現我的媽媽們，兩位「公開身份」的同性戀，都沒有感染愛滋。然而，基於美國同性戀文化某些特性的緣故，很多男同性戀將自身置於較易感染HIV／AIDS的情形中，沒有使用安全措施避免性病的傳播；同樣的情形也發生在很多非洲男性和女性身上，因為沒有取得避孕措施的管道或其他避孕技術，他們常有肛交的行為。雖然肛交與陰道交的性行為相比，具有較高的性病傳染機率，但並非只有男同性戀才會肛交。

「那又怎樣？」那個同學回答，「任何人都可以結婚？如果是否跟異性結婚無關緊要的話，那任何兩個人都可以只是為了節稅和其他福利而結婚。」

「嗯，同學，異性戀已經在這麼做囉。」馬克說。

「喔，是喔，」停頓了一下。「我的意思是，我想是吧。」又停了一下，「那關於小孩呢？桑托倫先生的研究說明得很清楚。」

突然之間那研究似乎再清楚不過，在一個爸爸一個媽媽所組成的家庭中長大的小孩，日後較有可能成功；孩子們比較有可能進大學、而不是進監獄，也比較有可能有較高的收入，較有可能結婚、較不易離婚，且平均來說，壽命也較長。

馬克對此一問題無法再機智地反駁，課堂上一片沉默。

我決定長話短說。

「不，他的論點一點也不清楚，」我插話說，「事實上，這就跟 HIV／AIDS 的論點一樣，他沒有說明因果關係，這兩者之間並無任何關聯。」我盡量不使用以前學到的辯論術語，「那並非拿相對等的兩者來互相比較；他不是在比較有兩個媽媽或兩個爸爸的小孩，與一個媽媽一個爸爸的小孩，而是在比較單親家庭與雙親家庭的小孩之間的不同。」

我看了一下教室裡的同學，發現自己解釋得不夠清楚。

「我的兩個媽媽是女同性戀，我向你們保證，比起單親家庭，我的家庭與一個爸爸一個媽媽組成的家庭要來得相像多了。而就算如此，我的女朋友是在單親家庭中長大的，她拿的是校長級獎學金，過得很好。這份研究根本與家長為何無關，而是關於收入高低；低收入的家庭跟高收入的家庭相較之下，較有可能是單親家庭，這就是這份研究所說的，很明顯地，高收入家庭的小孩較有可能過著『成功』的生活，不管『成功』的定義為何。」

這段話則引起了共鳴。

「里克．桑托倫在寫文章時早就知道了這一點了，簡單明瞭地說，這在知識上是很不誠實的作法。」我說完了。那時我還沒觀察到、但絕對贊同的一點是，在知識上的不誠實——如同許多反方支持者固定發表的立場及言論——是有所失敬，當然更是失禮。這種顯而易見的不誠實是蠻橫、侮辱的，且一點也不尊重選民。當任何政客站上自己的肥皂箱、獲得發言權，卻濫用這樣的位置所帶來的權力和職權，他／她即體現了「恐懼的政治」[2]；此一方式或許短期內會有不錯的效果，或是從那些害怕「同運目標」的人們身上募得不少競選資金，但卻不會成為我們人民選出來代表及保護**所有**國人利益的論述。

在大學課堂上評論桑托倫先生的文章之前，我在中學時期已受過四年的辯論訓練。回到八年級的那個時刻，我就沒那麼幸運了；我記得在共和黨全國代表大會的隔天，朗讀自己列出的所有牢騷與不滿，沒有解釋為何這個議題對我個人來說如此挫敗。回想起來，我很確定我的老師知道原因（不知為何之前我沒想到，那時杰姬和泰莉是輪流出席家長會的——如此明顯的關係）。老師似乎不那麼在乎我的動機，但卻比較在意我對於那些發言內容的看法，也就是發言者根本沒有使用任何證據來支持自己的論點。

「他們都說小孩需要一個爸爸一個媽媽，但沒有解釋為什麼，」我說，「他們不斷重覆地說婚姻只限於一男一女的結合，但沒有解釋為什麼。」

「好的，查克，」我的老師說，「這一點很好，但是他們真的需要解釋為什麼嗎？這些發言並不長，他們也沒有很多時間可以說。」

「我覺得一個人不應該說了這些話卻又不解釋為何要這麼說，」我抗議道，「這就是……不對的。」

我內心想著，**我們是一個家庭，我們也有很好的價值觀，每個晚上都會練習，每一天都依此生活，而且我還參加了童子軍。**

共和黨全國代表大會是一個人們試圖要說服我的例子；他們說我的家庭不一樣，而我應該要感到某些地方不對勁。雖然我從來沒有爸爸，但我從未感到人生有什麼空缺，或是少了某個部分。不管那空缺可能是什麼，早已被我的家人和朋友們的愛所填滿。

但是，那些反對我的家庭的人們不知道這一點，他們懶得過問我的想法——他們懶得過問任何像我們這樣的人，只是預設我們生活應有的「正常樣貌」，然後在沒有證據的情形下，達成結論，認為我和我妹妹——以及數百萬個像我們這樣家庭的小孩——就是比他們自己的小孩差，且成長過程每況愈下，**因為**我們的雙親是同性戀。更麻煩的是，他們站出來支持分裂人們的政策，卻沒有勇氣承認自己的行為就是歧視。

2　「恐懼的政治」（**Politics of Fear**）一詞出自英國社會學家富里迪（**Frank Furedi**）二〇〇五年出版的同名著作，《恐懼的政治》；書中指出，政治家有意識地操縱人民的焦慮感以獲取選票，促使巧言善辯，甚至是人身攻擊主導了選舉，而非實質的公共政策意見。

相反地，他們宣稱自己繼承了道德高尚的衣缽，進入捍衛美國家庭的戰場上，以避免其受到「敵人」——也就是其他美國家庭的攻擊。

有禮的價值

我們家在餐桌禮儀上有項簡單的規定，如果你說：「嗯——」你就可以吃第二份食物。你可以説這是中西部的坦率文化，或只是為了禮貌，或什麼都好，但我媽媽們從未間斷要把我養成一個紳士的努力。她們都知道不受尊重——有時是非常不受尊重的感受為何，希望能確保自己的兒子以人人都值得擁有的尊重及尊嚴，來對待每一個人。我們在童軍中學到，**「童軍是以禮待人，不論對方的年紀或職位為何；童軍明白好的禮節使人與人相處融洽。」**

善良是對他人抱持善意，有禮則是更進一步，使其發生。有禮，是將所有自身言行、以及所作所為如何影響他人皆納入考量；有禮，是在電影院中將手機設定為靜音，或是更進一步地，完全關機；有禮，在政治上是制止謾罵他人的衝動、拒絕盲目地否定一個你從未謀面的家庭對社會的正面貢獻。

不管在哪種情形下，有禮，是因為意識到自己擁有的權力深深影響到身邊人們的生活，所以尊重他人的經驗，並為自己的言行負責。

在泰莉多發性硬化症最嚴重的時候，我親眼看見他人如何有禮對待我的家人——那是一段在機場安檢時出乎意料的經驗，有人為坐著輪椅的泰莉開門，為她提供座椅，所以她無須站立——每一次對陌生人慷慨善行的心懷感激，都讓我感到有義務要將這樣的「有禮」傳出去；而過程中沒有任何人詢問那位坐輪椅的女士性傾向為何。

我大學二年級的室友叫做布蘭登·皮爾森，他來自洋杉拉皮茲附近的小鎮，距離我成長的愛荷華市北方一小時左右的車程。他是傳統、虔誠的基督徒，路德教派，每週日都會跟交往三年、和他同樣虔誠的女友一同上教堂。我們成為室友時，是他在愛荷華的最後一年；他計畫以主修整合生理學的身份，畢業後繼續念整脊治療。

布蘭登和我都很熱衷於健身，我們常常一起上健身房運動；我們每天早上五點起床做蛋捲和高蛋白奶昔，六點左右出發到健身中心。在公車上以及在練舉重的時候，我們常會迅速交換彼此的政治或哲學想法，而我總是對於我們觀點有多麼相近感到震驚。即使我們通常選擇的是完全不同的思考路徑，卻常常得到相同的結論。當討論到同性婚姻時，他對此完全不反對。

「是呀，我相信同性戀是一種罪，」某個早上他這麼告訴我，「但我們全都是罪人。只要不會傷害到別人，我看不出這有什麼大不了的。」

很明顯地我並不認為同性戀是一種罪，但我尊重布蘭登的觀點；更重要的是，我認為布蘭登的思考主軸——只要不傷害到任何人，就應該要合法——是完全正確的。這不過是日常禮節。

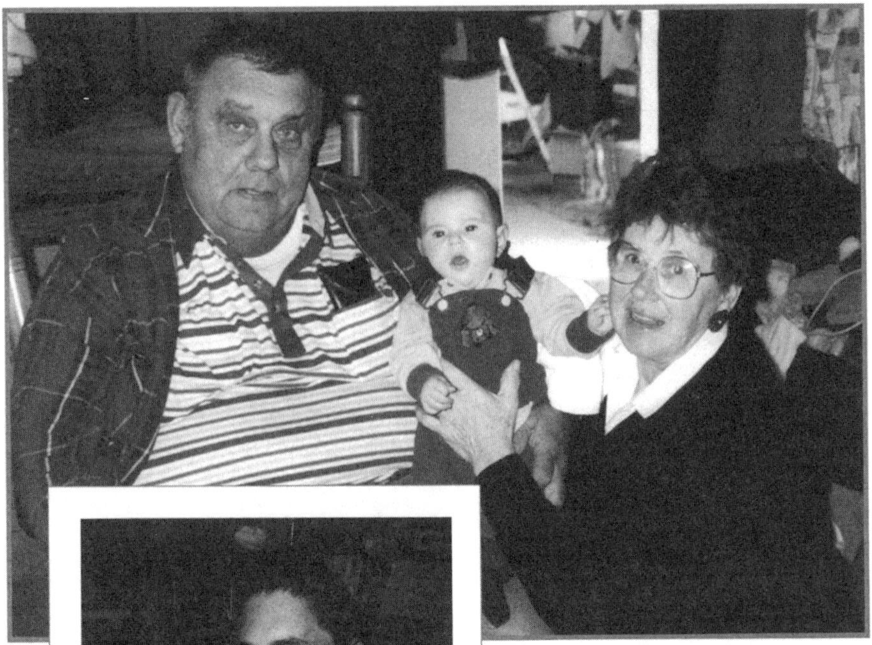

約翰爺爺和露薏絲奶奶帶著我，在他們位於愛荷華東北部的屋內四處晃。

在歷經瀕臨死亡的經驗後——潔比成功誕生於世，母女共享這美妙的時刻。

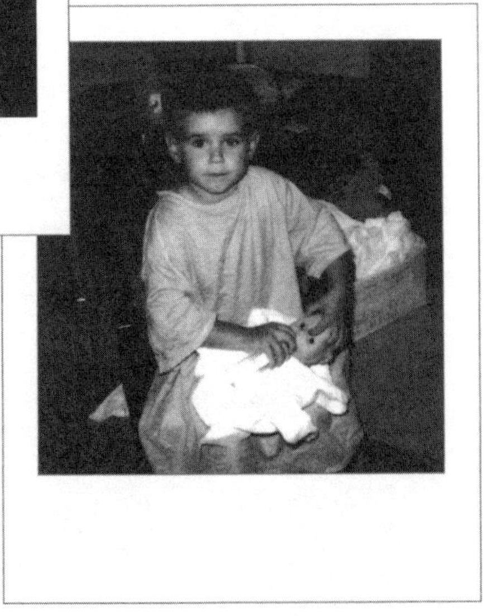

我很興奮有了一個妹妹，希望自己能盡可能地幫忙。

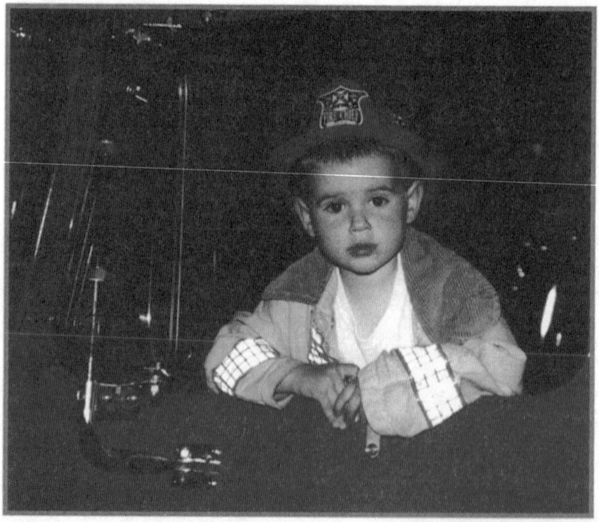

我想我在四歲或五歲的萬聖節時是個消防員。

潔比和我坐在我最愛的懶人椅上放空，那時的我因為大腿骨折斷，歷經復健治療的漫漫長路。

我真的很喜歡那頂帽子。

我在威斯康辛州最要好的朋友——安迪，是照片中拿著大獎杯的那位。雖然我的蝙蝠車沒有成功跑完全程，但它可是贏了最佳設計獎；我拿得到我所能得到的一切。

我媽媽喜歡開玩笑說我總是愛說大話。

我的小隊準備出發去參加人生中第一次的童子軍暑期營隊。

我媽媽們第一次婚禮後的全家福。

我既焦慮又期待地等著面試——晉級為鷹級童軍的面試，漫長旅途的最後一關。

鷹級童軍的授獎儀式記錄並呈現了我從小到大、從初級到鷹級的過程。

二○○五年六月，泰莉的身體狀況急速惡化，因此得依賴輪椅過活；即使她的未來一片黑暗，她仍在我們每年都會去的教會暑期營隊中找到快樂。

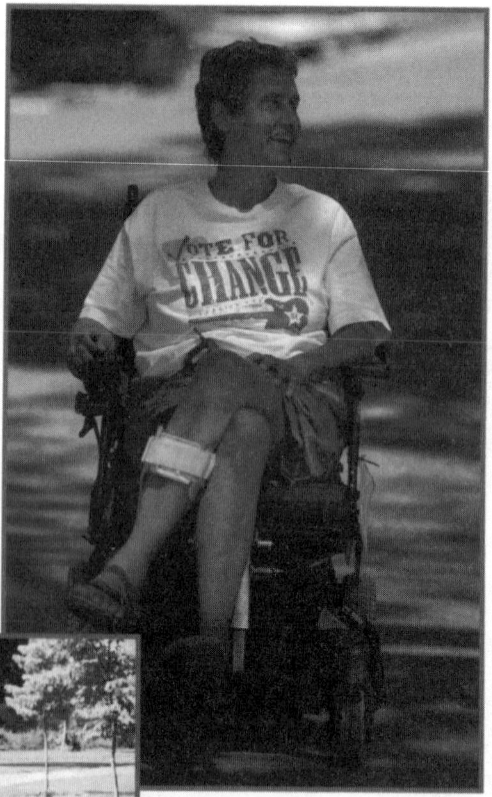

這張是二○○八年十月拍攝的，約莫在泰莉接受新的物理治療方式及嚴格控管飲食近一年後。

杰姬和我在大峽谷擺姿勢，那是我們跟著冒險巴士來回亞利桑那州與猶他州、七日單車之旅的第一天。

杰姬挑戰美國西部成功！

我媽媽們第三次彼此交換婚約誓言(以及婚戒)，泰莉的親戚莎拉·華茲，及她的另一半，金，一同在旁觀禮。

在歷經多發性硬化症、公民權被剝奪、法律歧視等重重考驗之後，總算被法律認可的新人們親吻彼此。

第九章　樂觀

My Two Moms

化療療程本質上就是場比賽，也是一場你永遠沒有把握的賭局，只能祈禱結果對你有利。你被裝上靜脈注射器，化學藥物慢慢滴進你的血管中；但就算你坐在醫院內、旁邊有護士照料，流進你身體內的不是藥，而是毒。治癒的一絲希望在於將疾病擴散時所需要的資源耗盡、但不殺死宿主——也就是你。這場比賽的參賽者就是致死之症與瀕臨死亡的病人，而贏家全拿。

杰姬要我和潔比坐下，再次拿起很專業的手冊，向我們解釋即將發生的一些變化。泰莉會變得比平常更虛弱，她很可能會掉頭髮，絕大部分時候將自己待在主臥室，而如果我們想去看她，得小心不要打噴嚏或咳嗽。她的免疫系統將會因為同時要對抗多發性硬化症及化療而遭受重創。

進行第一回合的化療後，她必須請一個禮拜的假以恢復體力；她每天待在床上超過二十個小時，房內的窗簾拉上、不能開燈。我半個禮拜以來一直胃痛，後來因為我很可能得了流感，接下來幾天被送到尼克家過夜。就泰莉免疫系統的狀況，即使只是輕微普通的感冒都可能很危險——而流感的話可能會致命。

結束可怕的化療療程後，泰莉的多發性硬化症症狀還是跟以前一樣糟，也許更糟。這幾週以來她不斷承受的痛苦根本無助於減輕病情；雖然她沒有輸了比賽，意思是她沒有因此死掉，但多發性硬化症還是贏了，因為就很多方面來說她比原來的狀況還要退步。

我們正身處於暴風雨之中，但是沒有人想討論這樣的天氣。

我媽媽的步伐更為踉蹌，要小心翼翼不能跌倒，且她逐漸變得更脆弱不堪。我謹慎地把柵欄放下，那是以前拿來訓練我們家的狗，用來讓牠待在樓梯間前自己的位置上——若泰莉意外跌倒的話將可能失去性命。在吃晚餐時，泰莉有時會失手掉了盤子，食物灑滿桌上，或是連舉起湯匙喝一口湯都辦不到。

杰姬和我會交換眼神，然後起身清理這一切。我們說了很多，但也什麼都沒說。

儘管如此——上帝保佑我媽，她總能找到可以讓她發笑的事物。她會說冷笑話（她的笑話幾乎都是冷笑話），或是提起曾經還滿好笑、但已經說了一千遍的故事。她就在這兒，承受著如此龐大的痛苦、壓力和擔心，就算坐輪椅的人是她，卻讓自己擔任啦啦隊的角色。

有時候有人問我，在沒有「爸爸」的情形下，是如何學習到勇敢、自我約束、毅力等能力的？不管發問的人是誰，我通常會回答說他可能不大認識生活周遭的女性。從來沒有一個女人會這麼問我。

雖然我媽媽們在我們還小的時候不是特別愛看電影，但隨著泰莉的行動能力下降，看電影變成我們全家可以一起進行、又不耗費泰莉力氣的少數活動之一。她們也破例買了一台新的的平板電視放在臥房內，所以我們無須到地下室用另一台舊電視就能享有家庭電影院之夜。

我們沒有以負面的態度來看待家庭電影院之夜——譬如說放棄這項可以全家人一

起進行的活動；相反地，我們帶著好心情，以及爆米花、蘋果、起司和麥根沙士度過這些夜晚。

本來「選項不多了」這件事可能會提醒我們死亡腳步的逼近，但我們把它變成豐富的生活體驗。

我對於我媽總能保持正向的態度感到驚訝，即使面對可怕的病症，她仍是如此。當然，正向的態度並不總是等於快樂；有好幾個晚上，保持正向態度只是表示晚餐時關於成績、功課和運動啦等等不會變成大吼大叫的對話。

即使有時候，泰莉會在看似最不合宜的時刻笑出來，而我會因為受不了她的冷笑話翻白眼，她仍是一路微笑——儘管醫學領域認定多發性硬化症只會持續惡化，但泰莉憑著過人的意志，可以不再依靠輪椅。

中學時期的第一個春假，我們決定要去拜訪我媽媽的哥哥丹尼斯一家，他們住在佛羅里達州的聖彼德斯堡。我們知道，佛羅里達的沙灘將會是最後一次全家旅行的地點，但沒有人說出口來，大家只是專注想著怎麼去到那裡。

我們長途旅行的時候，都會帶上一把特製的輪椅——可摺疊、可調整椅背傾斜度，方便我媽媽使用；因為她的電動輪椅太笨重，沒辦法上飛機。由於轉機的時間非常短，所以我們沒有托運任何行李。當我們一拿到泰莉的摺疊輪椅時，我馬上把它展開架好——這對我來說已是再自然不過的動作，泰莉一拐一拐地走過去坐下，我將她固定在座位上，讓她靠著椅背、減輕背的負擔。接下來，把好幾個包包放在她腿上——她並不介意——然後一起全力衝刺到下一個登機門。我們看起來一定很好笑。

在佛羅里達旅行期間，我們在丹尼斯家附近美麗動人的海灣泛舟，度過一個令人難忘的下午。要讓我媽媽坐進小船卻不弄翻它實在很難，但我們最後成功地讓她上了船，啟程航行。

我和媽媽坐同一艘小船，杰姬和潔比坐另一艘，遠遠在我們前頭。雖然是泰莉教我泛舟的，但現在的她幾乎划不動。是我要負責領航的時候了，我比她更有力氣，要負擔起大部分的划船工作，並掌舵前行。

雖然那天風平浪靜，但我卻感到心臟噗通跳——不是因為很興奮或是施力的緣故，而是因為一直以來在我心中盤旋的疑問。

我們總算聊到了多發性硬化症。泰莉的病症一直都是我們所有人生活中不斷變化的未知因子，沒有人知道接下來會發生什麼事。而我需要多知道一點，我在網路上讀過，某些晚期的多發性硬化症會導致「過早死亡」——我非常清楚那代表什麼意思。

小時候我總覺得，好像每次到了值得慶祝的時刻，厄運也會跟著報到：約翰爺爺在我兩歲生日時過世；我媽媽在生下潔比時差點難產死掉；露薏絲奶奶在我四歲生日的前兩天心臟病發作。所以每次有什麼節日快來臨時，我都會相當緊張。

在我滿四足歲後不久，我開始意識到死亡這回事。我突然了解死亡的意思，我記得自己跑進我媽媽的房裡，大聲嚷嚷說我不要她死掉，臉上都是淚水。

大約在那個時候，泰莉買了本叫做《一片葉子落下來》（*The Fall of Freddie the Leaf*）的書，作者是李奧·巴斯卡利；那是個關於一片名為佛萊迪的楓葉，生於春天、死於冬天，與他葉子伙伴們一同經歷了四季更迭的故事。他的好朋友丹尼爾對於生死有更深一層的體悟，認為死亡其實就是放手。故事最後，佛萊迪了解到死亡只是生命的一部分，隨著冬天的雪花一同落下。

這個死亡的隱喻幫助我了解，生命有其不同的階段。在故事裡，每一片葉子都以不同的方式離開了楓樹；有的葉子奮力抵擋強風，有的葉子則安靜地飄落。佛萊迪一直抵抗凋落，直到自己成為樹上最後一片葉子，全身枯黃萎縮；最後他決定放手時，內心充滿平靜。這個簡單的故事加上美麗的圖片，強而有力地帶出有一天我們都會死亡，都會離開人世的議題。

即便如此，我還是為了媽媽會死掉的念頭一直感到隱隱不安。

因為她記憶力的喪失，我整個成長過程都為此挫敗不已；雖然她絕口不提，我覺得她也因此感到相當挫敗。身為一家之主，她不希望、也不想讓這件事發生。但是對一個青少年來說，當媽媽告訴他可以跟朋友出去玩，回家後媽媽卻又對他大吼大叫說：「查克，你去哪裡啦？為什麼沒告訴我？」我真的很想大喊：「我告訴過妳了！」但，因為知道她是一家之主、又受到病情每況愈下的影響，我不會就這麼說出口來。我也不會說：「嘿，媽，因為多發性硬化症的緣故，所以妳正在逐漸喪失記憶力。」

我們在水上航行時，我仍試著要理解這一切對我們家的意義何在。我發現我媽的力氣耗盡，她只是在假裝划槳，但根本沒幫上忙。身為一個醫生，她早就明白這個疾病會帶來的所有影響和可能性。為了保護我們，她是否也在假裝自己一點不害怕呢？

我忘記我們怎麼聊到個話題的，總之談到了她的病情診斷。「妳不害怕多發性硬化症……正在殺死妳嗎？」我問。

我看不到她的臉，因為她坐在小船前方，而我們都面朝前進的方向。她沒有馬上回答，過了一會兒，她慢慢轉過身來，我停止划船，小船划行了一陣子後靜止不動。

「這個嘛，我不害怕，」她說，「能夠有這麼棒的家庭，擁有你和潔比，以及杰姫做我的另一半，我已經夠幸運了，也愛過了。所以老實說，目前的我並不害怕死亡。」

我沒有辦法理解。她有那麼多可以失去，她可能會失去我們！這跟失去她的力氣完全不同，她可能會失去家庭，失去性命。和她相反的是，那時的我非常害怕死亡；從很多方面來說，我現在仍是如此。忘了在哪裡讀到的，但這段話至今聽起來仍有幾分道理：「每個人都想上天堂，但沒有人想死。」

過了一陣子，在我的中學日誌裡，為了抒發對我媽媽病情的憂慮不安，我寫道：

如果你能長生不老，那生命就會變得毫無意義可言；知道自己就只能活一次，將使生命充滿價值。如同知道自己只能再看那麼幾次美得令人心碎的夕陽，每一次的夕陽都會深深震懾住你。

我不知道那時或現在的我是否真心相信，但我不斷告訴自己上面那段話、撐過了那些日子。

「聽著，查克，我活過了，真真切切地活過了，」我媽告訴我。「人生很棒，我當然不急著要邁向死亡，但如果這就是未來會發生的情形……」她沒說完，接著輕柔有力地說，「你不能讓死亡的恐懼主宰你的人生。」

我沒有回應，只是看著水面。我不在乎她是否覺得這樣OK——我一點也不OK。後來也沒什麼話好講了。雖然那一次沒有聊很久，但卻是少數我們如此直接拿多發性硬化症出來談的經驗。我沒辦法再更進一步地聊這件事，所以轉向寫作，開始在Xanga上寫部落格，逐步記錄下我的思緒。

以下是我部落格上的第一篇文章：

〈監牢〉

「醫生，對不起，測驗結果呈現陽性反應。」

她的世界開始瓦解，一陣噁心作嘔的感覺從胸口湧上，直達腦門。

她坐下來。

「我們沒有辦法判斷惡化的速度，病情會因人而異。」

這不可能發生。她在做夢吧，她知道自己正在做夢。

「有些事妳仍然可以做，但不可否認的，妳走路的能力，甚至是移動的能力都將會受限。」

她挫敗地抱怨著，那還能做什麼？正當人生邁向高峰，對泛舟、健行和爬山的期待煙消雲散；跟孩子們一起騎單車、遊玩、跑步的夢想全都沒了。

「很遺憾地，妳遲早得靠輪椅生活。」

這還不是最糟的。不是「妳現在就得坐輪椅」，而是「遲早得坐輪椅」。時間會慢慢看著她失去身體所有的力氣；時間會看著她慢慢衰弱，儘管她費盡心力要抵抗一切；時間會讓她不得不向孩子們編織謊言，描述他們不會擁有的未來。

「如同妳所知道的，有兩種類型，一種會影響腦部，另一種影響脊椎；妳也知道，妳的脊椎已經受到影響了。」

她沒有失去認知能力，而是她的行動能力被犧牲了。她將會意識清楚地看著自己的身體狀況愈來愈糟，而不是對於自己心智功能的退化一無所知。

「很遺憾地，我也要告訴妳目前為止並無任何完全治癒的方法，只能治療，有幾件妳可以做的事……」

她自動略過他的句子；他繼續滔滔不絕地說著，彷彿比她更清楚她自己的病情。哈，她早就徹底做了一番研究，知道所有的症狀為何。氣力耗盡。背部痠痛。疲憊不已。當然還有疼痛感，不是一般的偏頭痛，不，這種糟糕多了。想想如果有人把你臉上的皮膚剝下來，然後乘以十倍，才差不多是這種疼痛的強度。比起死亡，她更害怕被她稱為「勁兒」的疼痛。

她看著年輕的醫生，他不是法官，不是陪審團，也不是劊子手；他只是宣讀了她的判決，而且是無期徒刑。她盯著自己的雙手，是，她是自己的獄卒；她體內藏著劊子手，正在攻擊她的神經系統與下背部，並打造出一個比任何最高安全層級的聯邦政府監獄都還要厲害的牢房。

罪行？活著。

判決？失去行動能力，最終死去。

死刑執行者？多發性硬化症。

監牢？

她發出陰暗的笑聲，起身離去。

樂觀的價值

「童軍看見事物的光明面，樂觀地完成自己的任務，並使他人感到幸福。」

樂觀，是內在自發的態度，承認人生就是這樣——不會永遠斷了你的絕路，且有時候我們就是得做自己不喜歡做的事，忍受那些難以忍受的事情。當然，在領悟到這一點之前，必須先學會自我謙卑。有段我常常會想到的禱詞如下：「上帝，請賜給我勇氣，讓我改變我能改變的事；請賜給我平靜，讓我接受我不能改變的事；請賜給我智慧，讓我分辨這兩者的差別。」這其中也需要某種程度的自信，相信個人的能力能有所作為、影響改變；否則你的人生將只是在他人主導的舞台上扮演配角而已。

我想，這就是長期以來我一直缺乏的部分。

剛升上八年級時，我參加了一門「榮譽領袖」專題討論課。理所當然地，初中時期所謂的領袖，不過就是規劃學校的舞會。不過，第一個學期快結束時，我發現舞會的設計制度有待大幅改進，所以決定要競選學生代表的副主席。如果你對初中還有任何印象，你可能會記得這種選舉通常跟人氣票選差不多，而我本人跟人氣二字完全扯不上關係。

但在參與競選前，我已經蒐集到足夠的名單讓我成為候選人了。我在午餐時間跟朋友、以及朋友的朋友交談，蒐集到規定人數的兩倍，大成功！競選宣傳基本上就是每個候選人的簡短發言，透過學校內部的電視機在第一節課時播放。

候選人要演講的那個早上，我記得自己正要把書從置物櫃拿出來，另一個候選人，是那種很受歡迎的女生——如同往常，在一群人簇擁之下——閒晃到她的置物櫃前。我不記得他們究竟說了什麼，但看起來對她的競選充滿信心，簡直是勝券在握。

事實證明他們不該這麼有信心的。

我不記得最後的票數是多少，但我那一天是以副主席的身份走出教室的。我自己本來就有點預感會當選；在我的任期內，我們做了不少很屌的事，學校不僅通過了在當地山上——或任何愛荷華境內的山區做年度滑雪旅行，且我們可以溜滑雪板；同時也將八年級的傳統舞會開放給所有學生參加。

我媽媽常說我八年級時開始充分發揮能力，而我覺得被選為擔任某個領導的位置——即使只是初中生代表副主席的位置——也很重要；除了成為我自信心的來源之一，也在我們面對泰莉的病症時，我反覆掙扎、耗損的過程中扮演重要的角色。

然而，一開始只是火苗般的信心，很快就會發展為某種外顯、虛張聲勢的性格，但常會被認為是驕傲。披上充滿自信的外衣愈久，我就愈相信自己；馮內果曾說過，我們會成為自己假裝扮演的人，所以應該要小心自己到底想假裝成哪種人。

這道理是雙向運行的，一方面，我深知泰莉外顯的樂觀態度是「假裝樂觀，直到你真的變成樂觀的人」，所以才能使得我們全家人安然無恙；另一方面，我鼓舞自己的方式有時則會被誤認為是驕傲自大的行為。為了要克服眼前的不安與對未來的恐懼，我已在假裝勇敢的過程中找到慰藉。

在我快升上十二年級時，我媽媽多發性硬化症的症狀有稍微減緩。那時的我在演講與辯論方面的技術已爐火純青，也晉級到童子軍的最高級別；我漸漸不再只是表面上很自信而已，而是真的相信自己能處理好手邊的每一件事，並對當下身處之情境保持樂觀的態度。

今天我對人生仍抱持著積極正面的看法，但我也學習到，同時保有一顆謙卑之心，才能走得更為長遠。過去的我，可能有點驕傲自大、惹人討厭，但我想（或希望）那時的虛張聲勢已經轉變為真誠的樂觀態度與尊重，而我也試著以這樣的方式與世界互動。

我學習到，樂觀是一種在你做任何事時——功課、家事也好，你的專業、感情與家庭生活也好，所抱持的心態。樂觀，就像悲慘一樣具有感染力。當然晴天比陰天時更容易保持樂觀，所以我們在情況好的時候，也不需要依靠他人或尋求支持，即能解決家裡面對的難關；我們只要靠自己就好。然而，在情況不好的時候，我們需要彼此支持、忠誠於自己的家庭。如同我在公聽會發言中所說，我們一起度過了難關，所以現在才能享受幸福美好的生活。

保持樂觀的底線就是，若要成為真正樂觀的人，不要尋求外在的證明以支撐內在的信心。我八年級時選上副主席的感受棒呆了，但這頭銜並非永久不變；很快地，當我第二個學期沒選上時，就發現這實在不足以支持我的自信心。

在我公聽會演講的影片快速流傳時，類似的感受再次發生在我身上；眾人的讚美與恭賀將我淹沒，我感到整個人輕飄飄的、沉醉其中。身為辯士，我覺得自己好像剛贏得全國辯論冠軍，在這場激烈的競爭中完美勝出，身心皆激動不已。

但現在我已經覺察到，雖然備受稱讚的感覺很好，但這些讚美並非自信的基礎；更重要的是當初引領我走到台上演講的原因：我對家庭的感念、對遠比我個人更重要的目標之責任、在事關緊要時相信自己能充分發揮能力，以及不管在公聽會上發生了什麼事，我相信自己的所作所為都會帶來愛與正義。

對於這一切，我甚至得花一點力氣，才能不那麼樂觀正向呢。

第十章　忠誠

My Two Moms

隨著泰莉的健康狀況愈來愈糟，有時候我忍不住會想：為什麼杰姬會願意留下來？不是我不了解什麼是愛、什麼是忠誠或承諾，雖然我只是個青春期的小毛頭，我已經能理解它們的重要性，且泰莉、杰姬、潔比和我都很認同這些價值理念。

但我不懂的是，為什麼杰姬會願意冒著風險，眼睜睜看著自己心愛的人因病辭世、且那人可能也不是她原先愛著的模樣了？她原本可以決定轉身離去的，在二○○○年得知泰莉罹患多發性硬化症的時候。她可以違反結婚誓言中那句對泰莉的承諾：「不論生病或健康」[1]，而我不覺得自己會說她做錯了；也許會沒辦法尊重這個決定，但不會從道德的角度責難她。

但是她沒有這麼做。

除此之外，如果她失去了泰莉，她也可能失去我和潔比。我好朋友的媽媽說，她還記得我十四歲時很不安，擔心如果泰莉的病情惡化、或是她痛到昏迷了，我和潔比該怎麼辦？即使那時我們已經住在一起超過十年了，杰姬對我們仍然沒有撫養權；事實上，在我們家，她沒有任何法定的權利──我們在準備搬到愛荷華的時候，我就已目睹這個殘酷的現實了。

我們頭幾次到愛荷華市時，某次媽媽要去面試好幾個工作，杰姬則留在旅館帶我和潔比；潔比那時才六歲，在兩張床之間跳來跳去玩耍時不小心摔下來，跌傷了手臂。身為護士的杰姬一看就知道十分嚴重，馬上帶著我們搭車到最近的愛荷華大學醫院。

潔比的手臂斷了，但是因為杰姬不是她「真正的」媽媽，所以醫院必須要有泰莉的醫療同意書才能進行治療；在醫院的行政人員努力要聯絡上泰莉時，我妹妹只能大哭、承受疼痛。最後杰姬從包包裡拿出神奇寶貝卡賄賂她，要她聽醫生的話；潔比每一次照著醫生要求來做，就能得到一張卡。即使杰姬知道怎樣讓潔比聽話、讓她合作，且從醫護人員的專業出發，知道該做些什麼，對醫院來說她仍不夠格做任何決定。她只是一個很不錯的保母。

那時我還無法完全了解事情的來龍去脈，或是這件事代表的意義為何，但當我開始為泰莉的病情擔心時，我明白杰姬沒有任何法律上的義務得留下來。我的意思是，根據電視上那些政客的說法，她們根本沒結婚——沒有「承諾」彼此。如果杰姬要走的話，沒有任何事情可以阻擋得了她。

但是她留下來了，她懂得什麼叫做忠誠。

杰姬的爸爸，尤金，在九〇年代初期被診斷出罹患帕金森氏症，病情迅速惡化；他中學時曾是輕量級拳手，也得過獎項，杰姬知道過去那幾年充滿壓力、緊張的日子對他造成了永久的傷害。帕金森氏症就像多發性硬化症一樣，是一種神經退化的疾病，常導致不良於行、語言障礙、認知功能失調、失憶，以及其他神經精神病症。如同多發性硬化症，帕金森氏症目前為止仍無法完全治癒，只有延緩病症惡化的治療方法。

1　一般於教堂結婚時，牧師會帶領兩位新人做結婚誓言（Wedding Vows），其中一段為：「不論是好是壞、富有或貧窮、悲傷或快樂、生病或健康，我會好好愛你、珍惜你，直到有一天死亡將我們分開。」

但是艾絲特奶奶，也就是杰姬的母親，並沒有眼睜睜等待病情惡化，而是日以繼夜地工作，以確保自己能照顧好尤金爺爺，提供他最舒適的生活。她家裡的冰箱總是塞滿七喜和麥根沙士，因為那是爺爺的最愛；她在爺爺失去書寫能力後，仍持續寄送簽有「艾絲特和尤金」署名的聖誕卡及生日卡給親朋好友；她也在爺爺離開人世前的最後一刻，陪伴在他身邊。

我去看尤金爺爺時，他幾乎叫不出我的名字，雖然可以勉強用眼神和微笑溝通，但他沒辦法說話；他去世前的身心狀況已經無法讓他說出完整的字詞。回想起來，我想杰姬一定知道自己深愛的女人，未來可能會跟父親的狀況差不了多少，這情況太相像了，她不可能沒想過。

我相信泰莉也想過了。

我試著揣想為什麼杰姬會留下來，為什麼不害怕會失去泰莉、就像她失去自己的父親一樣。一直到很久以後，我才明白她其實也會害怕——她怕死了。眼睜睜看著父親衰弱、凋零，只剩下一副空殼，被無藥可醫的神經退化性疾病銬上腳鐐，儘管杰姬和她母親盡了最大心力來照顧他也無濟於事。這種參雜了忠誠、勇氣和愚蠢的行為，我們稱之為愛，終將克服恐懼，讓瑞杰－華茲一家毫髮無損。

現在，隨著艾絲特奶奶年紀漸長（已經是兩倍的歲數了！），杰姬是那個要站在她身邊、支持她走過心臟病發作、進行重大手術的人，就算奶奶會不斷質問自己獨生女在我們家的合法性。雖然這一家因為歷經了不少風雨而搖搖欲墜，如破產、離婚、爺爺的過世等，杰姬仍然一直守在艾絲特身邊，成為她重要的精神支柱。

就很多方面來說，我覺得比起杰姬拒絕在泰莉病症發作最嚴重時拋下她不管，杰姬對待她母親的方式更令人動容。跟杰姬其他家人不一樣的是，我們家距離她母親家共要六個小時車程，因為她母親仍住在威斯康辛的沃索市；如果杰姬想的話，是可以斬斷一切聯繫的，但她沒有這麼做，因為她不是這樣的人。

我從未質疑過杰姬做為母親的合法身份，因為我在她和泰莉身上看到許多相同點。印象中，我也從來沒有對她打出「身份牌」，說出「妳不是我真正的媽媽」這種話；我跟她確認這一點時，她說她也不記得有任何像這樣的例子，但是開玩笑地說，如果我這麼做的話，她會用藤條打我。就這樣，我們都笑了。

忠誠有時就跟支持你所愛的人一樣簡單。

我的鷹級童軍授勳儀式在二〇〇七年三月初，某個寒冷的星期一晚上舉行。很多鷹級童軍回想起自己晉級的那一刻，都覺得那比從高中畢業還重要，而我也這麼認為。我們全家都出席了，也邀請了不少朋友前來一起參與。觀眾中包括我的心靈導師、以前的老師、以及我們家的親朋好友。我媽媽們都在，而我根本沒多想，雖然我媽媽們已經計畫了好幾週了。

那天有好幾件值得紀念的事；泰莉正在休息、而杰姬忙著招呼親人朋友時，我們的保母坦娜，幫忙把整個場地都準備好了：她擺了一張大桌子，上頭放著我以前的幼童軍制服、松木賽車（就是那台得獎的蝙蝠車！），還有許多照片。

晉級為鷹級童軍是件大事。就我所知，我有兩個媽媽這件事對童軍團或童軍社群的人來說沒什麼了不起；真正了不起的是，我們必須要把無重力椅搬過來。我完全不知道，我媽媽花一整天練習授勳儀式，希望自己能與我和杰姬一同分享這個重要的時刻。

在一連串的獎項及勳章頒發之後，就是屬於我的時刻了。美國童子軍協會有份關於授勳儀式如何進行的章程說明，不過這份章程比較偏「參考」、而非「規範」的性質，所以我媽媽們增添了一些變化。

整個儀式由我們一神普救派的教會牧師南西·海利的祈願開始；接著童軍團團長說了些話，然後是尼克的爸爸——賴瑞的發言，他說了些笑話，也介紹我是個具備良好品格的童軍；之後，我們一起點燃每根代表不同級別的蠟燭，並大聲說出各個級別的特色。與一般儀式不同的是，我媽媽們請了一群小男孩，代表我在成為鷹級童軍這一路上的各個里程碑；一個代表幼童軍時期，從初級到生涯級，不同童子軍時期各有一個代表。所以慣常由團隊長唸出每個級別特色的方式，改由每個較年輕（也較嬌小）的「我」來宣讀——我媽媽們按照身高讓他們排成一排，並確保最小的男孩句子也最短。

我坐在觀眾席，看著一整排的小男孩，深深為這樣的視覺呈現感動，開始回想起參與童軍的這些日子裡種種的成長與學習。

除了美學上的效果外，還有另一個明顯的不同，也就是授勳儀式前要如何頒發別針才好。

原先美國童軍的標準儀式的做法包括以下片段：

你的父親這些年都站在你身邊，給予你鼓勵和幫助；現在，我們將請你獻上老鷹領帶針，象徵他為你所付出、使你能獲此榮譽的一切奉獻。

顯然我們必須做一些調整，而真正的難題是在頒獎的時候，我媽媽們能否同時站在我身邊。

在燭光儀式之後，我們的童軍團團長克拉克·查拉非斯開始了鷹級童軍的授勳儀式：

我命令你鄭重履行公民的權利與義務。當一個領袖，但只將群眾帶往最好的方向；將每一項你勝任的工作和你擔任的職務，視為服務上帝及伙伴們的最高表現——活出最美好的樣式。有太多人為了己身的利益，將自己的力量和才智用於剝削他人……我命令你成為為了群體利益而奉獻己身技能的人之一，並在潔淨的生活、誠實的工作、無私的公民行為、及虔誠尊敬上帝的厚實基礎上，來建造美國；不管別人做什麼，你將會留下每個童軍皆引以為傲的紀錄。

最後這段話時，負責授獎的鷹級童軍站了起來，杰姬也站起來，伸手扶著泰莉，讓她慢慢從椅子上起身。當我看到我媽站起來時，我才意識到在這整個儀式過程中，她完全沒辦法看到任何東西；她只能盯著天花板看，這就是為什麼她一直要潔比拍很多照片的原因。

她用緩慢、但很穩定的方式找到了立足點；鷹級童軍帶著我媽媽們走到前方，泰莉靠著兩根拐杖站立，看起來十分蒼白。童軍們知道她無法久站，於是在我原有的領巾上很快繫上了新的領巾，繞著頸部圍一圈，象徵參與童軍的過程從未中斷過。接著，他們用髮夾固定住領巾、跟我握手，歡迎我加入鷹級童軍的大家庭。

童軍團團長知道我們家的情形，他唸出修改過的段落，讓我將心型的別針別在我媽媽們的外套上。

麻州州長羅姆尼曾寫過，是母親們孕育出鷹級童軍；當我媽媽們跟我一起站在台上、滿臉淚水時，我緊緊擁抱這一刻——她們這一路上都伴我前行，在我最需要的時候給予支持與鼓勵。

在這一刻，屬於我們的時刻，我對於我們能這麼站在一起感到無比驕傲。

忠誠的價值

我在各地巡迴演講時，聽眾有時會對我是綠灣包裝工[2]的忠實球迷感到訝異（被兩個媽媽養大的男生喜歡美式足球？）我還記得六歲時，綠灣包裝工在第三十一屆超級盃大賽中打敗了新英格蘭愛國者，且對於接下來好幾年丹佛野馬隊接替包裝工的冠軍位置感到心煩意亂；那時我問媽媽們，這是否代表我們要開始改為丹佛野馬隊加油了呢？她們咯咯笑，告訴我不需要這麼做。人們不會因為自己支持的球隊輸了就離去，堅持守在你支持的球隊身邊具有某種強大的力量——球隊贏得比賽時的勝利滋味會更為甜美動人。

近期在威斯康辛中部的演講裡，我提到自己在中學時擔任四分衛，後來問答時間有人問，當初是我媽媽們帶我去打橄欖球的嗎？是她們沒錯，我答道。我永遠忘不了那個二十五六歲，穿著工作靴、頭戴棒球帽、身穿一件老舊牛仔褲的人，眼中閃爍著疑惑；他對於同性戀的「生活方式」竟包括戴上起司帽[3]、躺在沙發上看橄欖球、喝啤酒，似乎感到有點困惑。

在我演講的時候，這個人的反應和臉部表情透露，他對我如何被撫養長大的過程充滿了懷疑；他可能只是因為社會學教授的要求才來聽我演講。他對於自己竟然和我的兩個媽媽一樣喜愛橄欖球隊、且同為該隊的忠實球迷感到目瞪口呆，而我覺得棒極了。

2　綠灣包裝工（The Green Bay Packers）是威斯康辛州綠灣的職業橄欖球隊。

3　威州酪農業發達，很多綠灣包裝工球迷會戴著起司形狀的帽子為球隊加油。

在他認真想著我媽媽們喜歡橄欖球時，也許會意識到，鏡頭掃過球場觀眾席的那一刻，身在其中的同性戀並沒有被打上馬賽克或模糊處理；在那成群的起司帽、塗有彩繪的臉龐、穿著球員明星上衣、黃綠交織的人海中，他們跟其他所有人看起來並無任何不同。

意識到這樣共同的喜好也有一定的教化作用；他雖然從來沒有見過我媽媽們，但卻因著同為綠灣包裝工隊的球迷，而彼此聯繫在一起。這對沒有在看球賽的人來說可能有點陌生或奇怪，但身為一個從小在威斯康辛州長大，看球賽就像週日第二場的教堂聚會一樣自然的人來說，我敢保證這種忠誠性所帶來的力量。忠誠，在我童軍經驗中佔有重要的份量：「**童軍要效忠家人、童軍領袖、朋友、學校和國家。**」

我媽媽病情最糟的時候，我記得有一晚經過她房間門口時，杰姬馬上把手指放在唇上說：「噓！」

「怎麼了嗎？」我問。

「媽媽的勁兒又發作了。」

我感到胃部下沉。雖然她的氣力衰弱，但她已經幾乎一整年都不再感到臉部疼痛了；我們都對此心懷感激，現在卻又像回來復仇般再次發作。我進了房裡，百葉窗和窗簾都拉上了，燈是關著的；我跪在床邊，緊緊握住她的手。她的眼睛闔上，但沒有睡著，臉頰微微抽搐、頭也輕輕搖動，無聲地對抗著疼痛。

我走出來問杰姬說：「妳知道她痛多久了嗎？」

「我不知道；她工作到一半打電話給我，問我能否載她回家，因為她覺得自己開車回家不大安全。」

這狀況糟透了。

隨著夜晚來臨，她痛得更厲害了。我坐在自己的房間，就在我媽媽房間外走廊的盡頭，可以聽見她發出呻吟聲；在我關燈準備要睡覺前，我媽媽大聲哭了起來。藥效已經無法止住她的痛苦，而我們也束手無措。

隔天我醒來時發現廚房櫃檯上有張紙條，上面寫著：

「我帶媽去掛急診，但她沒事，晚點聯絡。愛你的杰姬。」

我感到胃部一陣下沉。上回我們家有人一大早就被送去急診室，是我失去了奶奶的時候。我焦慮地等著，差一點因為壓力過大而痙攣發作；後來手機鈴聲總算響了，我聽見電話另一端杰姬平靜的聲音：媽媽沒事了——雖然仍身處於龐大的痛苦中，但狀況是穩定的。簡而言之，那真是艱苦的一晚。

受到疼痛發作的影響，泰莉無法言語，任何感官上的刺激都會讓她抽搐——刺眼的燈光、醫生說話太大聲，皆使她原先已在惡化的狀況變得更糟。更慘的是，那位資深的醫生不相信杰姬的話，堅持要照磁核共振、找出腦血管破裂的地方，但杰姬知道根本就沒這回事。

由於法律上認定杰姬是個陌生人，所以他也視她為陌生人，只是帶病人到醫院來的一個女人。但是，杰姬完全知道發生了什麼事、也知道泰莉需要什麼；她告訴醫生要找那位半小時前她才講過話、開藥讓泰莉的疼痛和緩下來的神經科醫師，但他拒絕打電話，而杰姬因為不具有任何法律上的權限，所以什麼也不能做。

這麼說好了，我媽說比起她在生潔比時所承受的疼痛，那一晚的痛苦要來得更劇烈；就那時的醫療技術而言，醫生在進行緊急的剖腹手術時，是不會完全麻醉病人的。回想起在急診室的那一晚，我媽說是她這輩子最痛苦的回憶。

我不是個憤怒的人，我的個性也不會記仇；如果我媽媽們結婚了、如果杰姬擁有她所需要的權利，就可以止住泰莉的痛苦。但她們沒有結婚的原因——唯一的原因——是有些人透過法律，將自己的道德觀強加於我們這樣的家庭身上。

當泰莉躺在愛荷華大學醫院急診室手術台上，奄奄一息，在法律的面前，她身邊的女人再度成了陌生人。

有些人會說，我在公聽會上的發言中提到：「家庭的價值不是來自於政府跟你們說：『恭喜你們結婚了！』」聽起來好像婚姻對我們來說沒什麼了不起，那既然如此，為何要大費周章地改變定義、讓同性戀也可以結婚呢？如果我的媽媽們可以在沒有結婚的狀況下，順利將我和我妹撫養長大，那可以合法結婚有那麼重要嗎？

話說得沒錯，但這同時也點出了同性婚姻論述中很核心的議題，那就是太多人不了解，這個國家賦予了婚姻雙方將近一千兩百項聯邦層級，以及三百至六百項左右、根據兩人居住州別而定的法律權利、優待及保障。

沒有這些公民權利、優待與保障——且值得注意的是，根據美國最高法院的說法，婚姻事實上是公民權，而非特權——我們這樣的家庭在被視為二等公民的陰影下生活，連最基本的減稅與繼承權都沒有，也沒有遺屬撫恤金、員工家屬健保、醫院探視權以及醫療決策權；在泰莉的健康狀況惡化、必須改坐輪椅的過程中，我們家才得知有最後兩項權利。

在知道我們家不如異性戀家庭那樣受到保障的前提下，杰姬卻願意與我們共度難關，再再證明了她是個多麼忠誠、信守承諾的人。

第十一章　整潔

My Two Moms

很長一段時間，我有點視杰姬為繼母——不是因為我比較不看重她，而是因為她並非從一開始就在我們身邊。那時年紀小，我會想，她可能隨時離去，就跟當初來到這個家一樣容易；這也是人們對繼父母常會有的想法，因為並非一開始就在，所以可能只是孩子們人生中的曇花一現，在他們能夠證明事實並非如此之前，都得被懷疑的眼光審視著。他們當然需要稍做努力以趕上進度，從孩子身上贏得愛與尊敬，並證明自己同樣也在這趟漫漫長途之中。而我的謹慎[1]不是因為杰姬是女人，或她是同性戀，只是因為她是家庭的新成員而已。

更糟的是，這位家庭新成員很熱衷於要我維持床鋪和房間的整潔（**鋪床到底有什麼意義，既然我馬上就要躺回去了！**）。泰莉從不太在乎這些，但杰姬總是不斷催促我們要把房間和床鋪整理乾淨，她會要我們吃完東西後就洗好自己的碗盤；而當我還小時，我非常怨恨這件事情。現在我自己一個人生活，我很高興她教導我如何維持房子的整潔，但我必須坦承，沒有她每日的叮嚀，我也比較沒那麼勤勞了。直到今日，當我在家時，如果（或每當）我忘記洗碗盤或關上櫥櫃，杰姬就會開始管教我。

既然提到家規這個話題，請讓我一吐為快。我媽這位非常注重健康的醫生，從不准潔比或我喝汽水，可是杰姬總是能享受冰箱裡的低卡山露汽水。且就算根本不含糖，我們還是不准喝；但是，杰姬老在喝——這種雙重標準使我惱火至極。

我二年級時聽了課程輔導員講解關於藥物和抽菸的報告；我當然知道自己永遠不可能碰這些，但接下來，輔導員提到咖啡因是一種藥物：「咖啡因在軟性飲料中，如可口可樂和山露汽水都有，」她解釋道，「而且對你的影響更甚於糖分。」

這句話讓我豎起耳朵，吸引了我的注意力。

我跑回家，告訴杰姬她不應該再喝低卡山露汽水：「咖啡因是一種藥！」我說，「它會汙染妳。」她臉色轉為嚴峻，明顯對我感到不快，緊咬著牙對我說，管好我自己的事就好。我那時年紀還不夠大，她還無法跟我討論個人責任的意義——一個人可以選擇做某些會對自己造成負面影響的事，只要這件事對其他人不會造成負面影響——但我很快就到了可以理解的年紀。在那個年紀，我只需要知道杰姬跟我媽媽一樣有負責任的能力，如果她想喝低卡山露汽水，她就可以喝，而我必須閉嘴並且把床鋪整理好。

現在我知道，我沒有任何權利告訴她該做什麼，因為杰姬願意為她的行為負責；她有很好的健康保險，如果喝很多的汽水讓她生病或變得不健康，她會是那個要承受後果的人。今天，從自己對於杰姬的「壞」選擇而感到沮喪，對照反同性戀政客與同運人士，我看見兩者的相似之處。我認為，不管你要喝山露汽水或跟某個與你同性別的人結婚、跟異性結婚，都無所謂，只要沒有人因此受牽連——根據愛荷華發行量最大的報紙，**92%**的在地人覺得自己並沒有受到同性婚姻合法化的影響——這有什麼大不了的？

1　這裡作者指的是將杰姬視為繼母一事。

即使有人相信同性戀是不道德或不淨、同性性行為是冒犯神的，我至今仍未聽説同性性行為會影響到誰——除了行為者本身以外。事實上，正在加州進行、引起高度關注的同性婚姻案例中，為《加州憲法》其同性婚姻禁令辯護的律師被問道，同性婚姻會如何傷害異性婚姻？在多次閃避該問題之後，這位律師終於被法官點名要回答問題，他的回答呢？

「法官大人，我的回答是：我不知道，我不知道。」

泰莉是第一個跟我談性的。她其實有一本書是這樣開頭的：「當一個男人和一個女人非常相愛時……」讓我懊惱的是，「談性」這件事分為好幾回合上演。在某個愛荷華熱得特別難受的下午，學校橄欖球隊練習結束後，我發現我媽坐在停車場的廂型車上——這點很不尋常，因為通常是保母來接我。

我敲了敲車窗，把她從午睡中叫醒，然後爬進副駕駛座，一如往常開始滔滔不絕講起方才練球時敏捷度和力度的操練，我的投球，當然還有開車技巧進展順利的情形；我的駕訓班課程已進入最後一週，對於總算要開車上路這件事感到既興奮又緊張。在愛荷華這個全美國最多農作人口之一的地方，學生只要滿十四歲就能申請學校駕照——就算你不是農人的小孩；我媽和我決定，在我上完駕訓班課程之前，我開車來回學校的路上都不准載人（雖然我常**剛好**看到尼克騎腳踏車上學，所以**從不**無禮到拒絕載我最好的朋友一程，見鬼去吧爛規定）。

我媽開著車，耐心聆聽我講話；然而，那個下午，她駛離平日回家的那條路，開進當地一家咖啡店的停車場停下來。

「我們不回家嗎？」我問。

「對，」她說，「我想我們先停下來喝杯咖啡。」

我那時的年紀已足以了解這不可能是什麼好事。帶著困惑，我下車後幫忙她一起走進店裡，她一隻手臂搭在我身上，另一手使用拐杖；我們多擺了好幾張椅子（我還沒沖澡，我們倆想有必要的隱私）。

過了一會兒，我拿了杯給我自己的茶，和給我媽的芒果椰子冰沙，她最愛的口味。

「沒有瑪芬蛋糕？」她問，知道我對瑪芬蛋糕情有獨鍾。

「沒有，」我說，「我想我還是吃些比較健康的東西。」

媽媽臉上露出被我逗笑的表情，說：「查克，一天五小時的橄欖球，我想一個或好幾個瑪芬蛋糕都應該還好。」

「我不覺得妳帶我來這裡是為了吃瑪芬蛋糕，」我說，身子向前靠：「所以，媽，妳到底心裡在想什麼呢？」我腦中閃過千百種可能性，是尼克的媽媽看到我打工後開車而不是騎腳踏車？杰姬發現我藏在房間裡的電腦遊戲？

「性。」我媽說。

我們倆都鬆了一口氣，但又開始有點緊張，我大叫：「我就知道！」那是我下一個想到的理由，真的。「媽，我們以前就談過啦。」

「我知道，而且這不會是最後一次。」她說。

一直以來我們之間就會惱人地重複這樣的對話，尤其現在她知道我對女孩子是真的感興趣。七年級的時候，我在家會瘋狂提起某個女孩，不斷說她是「最漂亮的，最聰明的，最甜美的……」（從來沒有成功追到過，但她真的很漂亮）。八年級時，我在我媽從醫院帶回家的電腦上看A片被抓包，她請她的電腦專家同事叫我到醫院去，解釋為什麼這是個糟糕的選擇（歷史瀏覽和自動填表功能真是要命）；幸運的是，她的老闆願意原諒一個青少年男孩的不知輕重，她沒有因此丟掉工作。在那之後，我說服她幫我訂閱《花花公子》，唯一的規定是她和杰姬先看過。（事實上她們只有強制執行過一次，杰姬的疑問是：「她們的毛呢？」）

身為一位醫生和家長，泰莉知道她需要定期檢視我高漲的賀爾蒙，但是當我們坐在咖啡店裡，喝著飲料，她說：「我真的想談談潔比。」我可能不怎麼喜歡棒球，但我認得出什麼是變化球。

「**什麼？**」我的眉毛上揚又回復平靜，很開心這場對話跟我無關。

「我星期天時讀到一篇關於青少年與性的文章，」她告訴我，「很顯然女孩們最早在七年級時性慾就會開始發展。」（潔比即將要開始念初中，也就是七年級。）

「別傻了，**潔比？**」

「對，我知道，但是——」

「她不會去做那些事的，媽，真的，妳把她教得很好。」

「好吧，但是潔比遲早會被朋友們約出去一起做這做那，也許她某個時候會有約會，既然她已經上初中了，不管她準備好了沒，她的雌激素和男生的睪丸素都會躍躍欲試。」我記得那時自己想著，只有醫生才會在咖啡店裡進行如此技術性的對話。

我沒有說任何話，一部分是因為我明白她是對的，但絕大部分是因為我寧願不要想到我的妹妹會變成那樣。

「賀爾蒙定會讓這一切發生，」她繼續說，「這是生物本能，她和朋友出去或出門約會，睪丸素會開始撫弄調戲雌激素。」（各位知道我要面對的是什麼了吧！）「更糟的是，雌激素可能會想要開始觸摸探索睪丸素。」她嘆了口氣，搖搖頭，「但我真的不知道這些什麼時候會開始發生，現在很多事情都跟我以前成長過程不一樣了。」

「等等，媽，」我說，「那妳怎麼知道的呢？妳年輕時又沒有追隨睪丸素。」身為女同性戀的兒子，我提出了一項敏銳的觀察。

她笑道，「這就是我說的，我不知道會怎麼發生，所以我需要留意潔比。」這真是屁話。「但是你知道嗎，查克，一旦睪丸素與雌激素夠靠近的話，通常不會經過高級腦部的思考。幾千年來，睪丸素和雌激素已找出能夠在一起的方式。」

「我簡直不敢相信。」我突然插話，大笑出來。

「相信什麼？」

「妳知道，有時候妳就是這麼逗趣，對電視、電腦遊戲和 Xbox 規定嚴格，對這個反倒輕鬆。」

「什麼？」

「我覺得好笑是因為，一位女同性戀母親可以跟她的兒子談性談得如此容易。」我試著想像賴瑞要尼克坐下，進行類似的對話，這樣的場景比我此刻身處的情境要爆笑多了。

「我們還有一些事情要談，今天晚上才算真正結束，」她說，打斷我可笑的思緒。「告訴我你的人生將會如何，如果你突然被熱情沖昏了頭，在十五六歲時就當了爸爸。」

「這個嘛，呃，」我結巴了，我從未想過會被這麼問，「我想我會讀完高中然後去念克客伍德。」克客伍德是本地的一所社區大學。

「誰要養小孩？」

當我意識到究竟是怎麼一回事的時候，出現了片刻的沉默。

「媽，妳很賊耶，用先討論潔比這招。」

「現在，如果你不是在高中時就當爸爸，你的人生會如何轉變？」

我很安靜地花了些時間想想我的未來，我了解她的意思，她所描述的那個可能性並不美好。「我想奶奶沒有跟妳說這類事情吧。」

「奶奶盡了她最大的努力。」

「是嗎？別人也讓妳成長過程不大好受？」現在她成了焦點。

「我那時孤單一人，」她說，邊點頭邊輕拍額頭，「如果有任何人知道我腦裡在想什麼就好了……嗯，就像我說的，時代不同，所以我不太與他人來往——不能讓任何人知道我是誰，或是讓他們知道**我**確定自己是誰；就讀大學、醫學院、擔任住院醫師期間都不行。在我人生中那段黑暗荒蕪的時期，我終於脫離了恐懼，我成為了我，允許自己真實存在。」

我默默點頭，這是我從未聽聞過的一段話，我無法想像必須假裝自己不喜歡女孩子，也不能理解為什麼我媽，這麼一個厲害的空手道黑帶，會需要這麼做。

我在公聽會演講完的幾個月後，我開著十五人的廂型車，跟一群愛荷華大學的朋友到華盛頓去，坐在副駕駛座的是規畫這次旅行的友人的好朋友，我們那一晚到芝加哥接她；那時將近凌晨三點鐘，我們正在俄亥俄州的某處。

她看過我演說的影片，在一開始被大量轉載的時候，對我的家庭頗為好奇且想多了解一點；她表達自己對於婚姻平權的支持，但言語閃爍地問了個我認為令人很不舒服的問題。「那麼，」她問，「你覺得同志的感覺是什麼？好比說，同性戀的感受為何？」

這不是我期待會被問的問題，而且老實說，從來不是我會想到的問題。我有點措手不及，自問當一個同志是什麼感覺？我完全不知道，雖然我也從來沒想過當一個異性戀是什麼感覺為何。「這個嘛，」我說，「我想大概跟當個異性戀差不多吧。」她歪著頭，等我進一步解釋。

「我想在初中的時候，」我坦承，「我開始對班上的女孩有點感覺，我不明白是什麼，我只知道那種感覺很好，讓我有點緊張、也讓女孩子變得很有趣；然後我開始在某些尷尬的時刻勃起。」

她大笑，點點頭。

我一直以來就知道女孩們會注意到這一點。

「所以呢，你成長了一些，不是自己發現、就是被告知說那些感覺代表性慾，基本上，當異性戀就是這麼一回事。有這些感覺，我的意思是，對異性的這些感覺，我想就像是同性戀對同性的感覺。」

她點點頭。

「妳知道嗎，」我繼續說，「他們可能只是開始有這些感覺，但剛好對象是同性。這不是我某個早上醒來，折折指關節像是要大顯身手般，想著**好吧，到了要選擇性向的時候了，我選擇當異性戀**，或是什麼的；這就只是突然意識到我喜歡女孩，從她們身上感受到強烈的性吸引力，然後發現，喔，這表示我是個異性戀。對同性戀來說大概也是這麼一回事，但那個頓悟是不同的，可能帶有一點羞愧，也許是因為我們生活在一個恐同的社會中……」

我沒有把話說完，思緒回到初中及高中時遭遇過的歧視，以及有時看起來像是普遍存在的恐同氛圍。

「是啊，」她說，聽起來很滿意，「我想我之前沒有這樣想過，對，滿有道理的，說得好。」

我以前也從沒這樣想過，但的確非常有道理。

整潔的價值

「童軍應保持身心健康、整潔。」有時候我是不洗澡的，我在家胡混、整天掛在網路上或打電動遊戲——那真是開心的時光呀。我的頭髮開始出油，室友偶爾會斜睨我幾眼，我自己也覺得有點噁心。但是，我當然不會以這種狀態出席正式會議；當我真的洗了澡、全身清潔完畢時，整個人感覺棒呆了。所謂的整潔，就是清楚知道哪些是、而哪些不是適當合宜的行為舉止。

你必須為自己決定整潔是什麼，但你也要知道，如果有人不符合你對整潔的標準，但對其他人無傷大雅，那就沒有任何的理由歧視他們。一個人臉上有沒有沾到泥巴跟他或她本身是誰根本毫無關聯；而他或她是否把自己的房子打掃乾淨也跟我沒有關係。如我在序章中所提到的，當人們知道我有兩個媽媽、說我壞話時，我常覺得是在說我穿了不同顏色的襪子；他們可能覺得我這樣很難看，但若不會對他們造成任何傷害的話，那又有什麼大不了的呢？當一個人的行為舉止不會影響到任何人，也不涉及強迫、或違反任何人意願，照此邏輯來說，我很難信服有些行為會被視為「不道德」或「不潔」。

性傾向也是如此。我是不是會被男人吸引、或一想到跟男人睡就被激起性慾呢？完全不會；我也許有你可能會覺得不尋常的「性趣」或性癖好，如同我對別人一拖拉庫的性喜好毫無興趣。但，除非你的性生活直接影響到我、或傷害到其他人，不然我真的一點也不在乎，當然也不會傲慢到要改變你，只要你們雙方（或多方，如果這是你的偏好）是自主決定這麼做的話。

自主決定，對我來說，是道德的最終考驗。不論是喝低卡汽水或購買《花花公子》都沒有不道德，因為不會影響到其他人的生命、自由或追求幸福的權利。只是因為某件事物不大健康，或不合你的口味，並不一定等於不道德。我可以獨自一人吸菸——很明顯這不大健康——但跟不道德完全無關，因為這是**我的**生活，**我的**自由，但我若在一間滿是蹣跚學步的小孩的房間內吸菸，我就得面臨關於二手菸的道德問題。

強暴、謀殺和竊盜等罪行，全都是不道德的，因為這些行為違反了受害者生存的權利，也未經過受害者的同意，剝奪了他們的自主選擇權。你也可能自主決定做某件並不樂在其中的事；譬如說我們全都同意繳稅，但我想沒有人會期待繳稅、或想擁抱國稅局官員（雖然在我寫這本書的期間，國會議員比稅務官員更不受歡迎，由此可見議員有多麼……嗯）。我們每一個人都有與生俱來的價值與尊嚴，當你違反他人的權利與意願時，你就是在貶低他或她身為人的身份——將他們視為一件物品，缺乏自主與選擇的能力。

某個全家野外露營的下午，那時我大約八歲，發現我們家需要更多的柴火，便跟著杰姬到附近營地繞繞，看是否有其他也來露營的人多帶了些木頭。路不遠處有戶人家，正在享受美好的秋日午後，其中最為年長的老人家抽著菸。

在二年級的課程中，我和班上同學學過關於藥物的知識，如咖啡因，我們也被強力告知抽菸的危險性。抽菸很糟，這是我那兩位同在醫藥領域的媽媽們，在家都會強調的訊息；雖然從未明說，但卻自然而然推論出，如果抽菸很不好，那麼會抽菸的人也很不好，對嗎？

那時的我面對這樣一個真實、活生生的正在抽菸的人，結果正如你預期所有二年級小孩都會有的反應一樣：我嚇壞了。杰姬完全不知道發生了什麼事，或是為什麼我會那麼不自在，但我只是拖著她回到我們自己的營地，沒拿那戶人家高高興興給我們的任何柴火。

杰姬發現我非常不開心，問究竟出了什麼差錯。

「他在**抽菸**，」我說，「妳沒看到嗎？他是壞人。」

杰姬白我一眼，幾乎要爆笑出來。

對當時只有八歲的我來說，要理解這個概念極其困難，但「不健康」不等於「不好」，就像「不潔」不等於「不道德」一樣，兩者之間存在著差異。抽菸可能不大健康，不洗澡可能不大乾淨，但只要你呼出的菸不被不想吸二手菸的人吸到，你身上的臭味沒有臭昏任何人，那麼就沒有不好，也沒有不道德。

更進一步來說，吃豬肉本身並無所謂的不道德，但如果你是個嚴謹的穆斯林，這便是公然冒犯神的行為；正統猶太教徒在飲食方面有類似的限制，若違反了規定，也會被視為不道德。但重要的是，應了解這些違反教義的行為不道德，只是因為該宗教如此規定。我個人當然不覺得吃蝦子是不道德的——那是我最愛吃的食物之一，但我不會將自己對於什麼是道德或不道德的食物觀點強加於他人身上。

當然我指的不只是食物而已。

對許多保守的基督徒來說，與同性發生性關係等同於犯了罪；在某些教派中，你若在安息日工作是不道德的；許多人因為宗教信仰的緣故，認為刺青是不潔的。但刺青變得愈來愈流行、沃瑪百貨（**Walmart**）二十四小時全年無休、而美國最高法院裁定所謂的雞姦罪不符合《憲法》精神，且違反了個人隱私權。

世界上有些國家的確會將宗教教義定為法律，但美國不在此列之中。相信**你自己**通往神的道路是**唯**一的道路，且阻止別人走他們自己的路、過自己的生活，這種舉止不僅僅是無情，更不是美國人應做的。

好笑的是，兩個不同性別的無神論者可以飛到賭城拉斯維加斯、由假貓王證婚，但在阿富汗、伊拉克兩地不斷作戰，好不容易回到家鄉的海軍陸戰隊隊員，卻不能跟自己愛的男人結婚。我這麼說不是為了要抨擊無神論者，只是觀察到關於同性婚姻的辯論已因為恐同者而陷入泥沼，對他們來說，**只要**不同性別，即使是完全不在乎宗教信仰的人都可以結婚，但同一性別、信仰虔誠的伴侶卻不行。有些人沒辦法理解上述觀點——如同他們自認為是出於良善美意一樣，在我國是種毫無法律依據的傲慢，進而演化成一股摧毀的力量。我們看似困在道德的十字路口上，但如果你不會因為我媽媽們結婚而感到不爽，那我也不會因為你的宗教信仰暗示同性戀是罪而不爽；雖然這樣的結果並不完美，但這就是民主國家的真實面貌——一團混亂。

我要說的最後一件關於整潔的事是：很明顯地，人們對於什麼是整潔的、什麼是不整潔的，以及什麼是道德的、什麼是不道德的，具有不同的標準；你可以選擇跟那些同意你的人相處，但不要把你對整潔、道德的標準強加於別人身上。我曾聽過一個說法，你最常花時間相處的那六個人即是你自身的倒影，如果這六人對於你是誰完全沒意見的話，那真的很棒，恭喜你；但我們來談個條件吧，你有權選擇跟哪些人相處，而我也可以選擇我想來往的人。

第十二章　節儉

My Two Moms

初搬到愛荷華市時，我還在使用增高鞋墊，以補足左腿發育不良的情形——此源於小時候在托兒所發生的一場意外，那時我跌斷了大腿骨。雖然不是很不方便，但在運動體能方面，我還是落後同年齡的孩子一大截。多年來，我每天早上都會練單腳跳，當作是一種物理治療，但我媽媽們覺得仍需要其他的方法來加快復元的速度。

杰姬想到了一個好方法，如果我連續六個月、每週使用跑步機三次、每次三十分鐘，她就買一把吉他送我。她跟我一起研究怎麼調整速度，從快走開始，然後逐漸進展為慢跑的步調；如果我直接從快跑開始的話，我想自己一定撐不了那麼久。即使有了依序漸進的計畫，要完全實行也不容易；但我堅持照著計畫來，在地下室用跑步機的時候，我會把先前錄好的電視節目或電影放來看。

我開始緩慢但穩定地跟上了同儕伙伴們的步伐；在持續了六個月後，也是我十四年級的日子結束前，我已經不需要再穿鞋跟墊了——而且還擁有了一把吉他！我成功了。不過，就像許多跟我同年齡的孩子一樣，我發現自己比較喜歡吉他所代表的意義概念勝過於樂器本身；所以，現在的我在決定一筆花費時，都會思考自己是否真的想要這個東西，還是只是覺得擁有它的感覺很棒。

這聽起來可能很假掰，但我覺得杰姬送給我最棒的禮物不是吉他，而是我一路走來所學到的一切。因為擬定了明確的計畫和目標，我能夠把握住自己想要的事物，思考如何達到目標，以及目標達成後的成功意謂著什麼；具體、清楚的計畫執行起來就沒那麼困難了，也比較不會半途而廢。如果計畫和目標都不明確，就很容易會覺得：

喔對呀，我這週可以跑兩次就好。因為有如此明確的計畫，我也學到了誠實以對。有時候杰姬因為下班回到家比較晚了，只能相信我已經跑了三十分鐘，雖然我知道可以撒個小謊，偷懶一下，但我若這麼做，就會影響最後的成果。是啊，我是很想要一把吉他，但我更想擺脱長短腳、回到之前的狀態，所以我不要自欺欺人。

如我所說的，那把吉他最後放在地下室積灰塵了，但在整個慢跑的過程中，我學到的價值觀卻從此跟著我一輩子。

杰姬很擅長挑禮物送人，不論是有形或無形的禮物。有些人會說，送禮是一連串考驗記憶力的過程，什麼時候該送禮、要買禮物、包裝禮物，並覺得送禮是「太太的事」，或就性別刻板印象而言，認為是很女生的行為，但這種想法不是很⋯⋯過時了嗎？當你想到——或至少當我想到送禮和貼心的時候，就像想到毅力和誠實一樣，沒什麼性別差異；不過，或許是因為我的另一個媽媽很不擅長挑禮物，所以宣稱每個女性都擅長挑禮物，或應該要擅長這件事，對我來說簡直愚蠢至極。事實上，要不是因為杰姬，我和我妹可能每年聖誕節都只會收到數學射擊電腦遊戲（**Math Blaster**），或根本什麼禮物都沒有。

我還記得杰姬和泰莉剛開始交往時，為了送禮物這件事而意見不合。泰莉坐在杰姬身旁，向她解釋道，如果杰姬希望在特別的節日收到禮物，就得列出「聖誕老人清單」——詳細寫上自己想要的禮物，並在廚房的日曆上做標記。杰姬說，如果泰莉真的愛她，就會知道她要什麼禮物；但泰莉的說法是，她天生就是無法那樣思考。不管杰姬對她暗示了多少次自己喜歡什麼東西，她就是沒有辦法接收到任何幽微的社交訊息。就算泰莉曾是——現在也是——一位優秀傑出的醫生、腳踏實地的女人，這一類的事情仍超出了她能理解的範圍。

所以，即使我們的文化期待女性比起其他家族成員或朋友，要更會挑禮物，我很小的時候就知道事實並非如此。而且我很早就明白，性別並不能告訴我這個人究竟是什麼樣的人。

事實上，我媽媽不僅對於挑選禮物很不在行，她還覺得交換禮物是種折磨，感到相當不自在。她從沒買過新奇的玩意兒，也不大在乎物質財富的追求；當大家都想變成「瓊斯一家人」[1]，比排場、比風光時，她卻從未如此，也不隨便給予他人不需要的東西。但是泰莉知道給予的力量，也深知在對的時機給予對的禮物具有相當大的影響力；她明白送禮的那份心意才是最重要的。

她當實習醫生時領到的第一份薪水，用來買了洗衣機和烘衣機送給媽媽，因為她媽媽幾十年來都是用手洗衣服。屬於「沉默世代」[2]的露薏絲奶奶眼眶泛淚、嘴唇顫抖著向泰莉道謝，說她自己的丈夫絕不可能接受這樣的禮物；果不其然，約翰爺爺堅持要付洗衣機和烘衣機的錢，叫泰莉把錢花在別的地方。因此，向來叛逆（或者說體貼的女兒，看你怎麼想）的泰莉每個月給媽媽五十元零用錢，這樣一來，媽媽就能有些許的經濟獨立能力，無須事先請求丈夫批准才能花錢。

對露薏絲奶奶來說，真正的禮物不是洗衣機、烘衣機或是零用錢，而是知道自己的女兒不僅在大學中表現出色，還上了醫學院、如今成為醫生的那份成就感；露薏絲奶奶沒念完中學，但她自己的女兒卻當了醫生，爬上了世界的頂端。然而，即使泰莉成了人上人，她仍謹記自己的出身。當泰莉告訴我這件事時，我問她怎麼知道要送奶奶那麼棒的禮物，她指出說，你沒有接收暗示的雷達和看見再明顯不過的需求——你的媽媽正在做苦工、用手洗著一件件的髒衣服——根本是截然不同的兩回事。我覺得挺有道理的。

至於送禮物給我媽媽們嘛，她們總堅持我妹和我不能只是花錢買東西當作禮物，比較喜歡我們**做**些東西送給她們（這也是我那短命的饒舌歌手生涯的由來；不過，說正經的，唱片公司快來挖角吧）。她們不是為了省錢，而是希望能擁有某一部分的我們——這對她們來說意義重大——擁有某樣可以珍藏的東西。我們家現在就像一座博物館，收藏我和潔比為了生日、節日和紀念日而手工製作各種作品；我和潔比並非總是對於這樣的期待感到興奮，且我們當然不會希望她們手工製作禮物送給我們，跟大部分的小孩一樣，我們還是比較想要玩具。幸好我們有杰姬！

不過，我們當然是節儉的一家人；我們騎單車、隨手關燈、我媽媽們總是購買大

1　原文為 **Keep up with Joneses**，源自美國電影《搶錢家族》（***The Joneses***），描述外表光鮮亮麗的瓊斯一家人，過著人人稱羨的幸福生活。

2　「沉默世代」（**The Silent Generation**）指的是出生於二戰期間（一九三三年至一九四五年）、如今邁入中老年期的人們，大多數傾向不為自身權益發聲、影響社會，性格特質也較為忍辱負重，隨遇而安。

包裝的食品或食材。我還在念幼稚園，剛開始讀《教導孩子正確的價值觀》這本書的時候，我們就搞了一個家庭存錢筒；那本書的作者建議使用「帶鎖的木頭盒子，上面要有個投幣孔可以存錢」，而泰莉決定使用回收的花生醬空瓶。既然我們彼此之間已建立起信任感，何必要另外花錢買鎖呢？那個每個人都能轉開的塑膠瓶蓋就夠用了。

家庭存錢筒的概念，是為了要教導大家節約和節制的觀念，且最重要的是，希望透過有趣、互動的方式，寓教於樂。每個星期天，我們就會把零用錢拿出來，捐一部分到家庭存錢筒裡頭；這筆錢最後成為我們最愛去的水上樂園、彩虹瀑布的旅費，後者離我們家約為一小時左右的車程，是度過一個悠閒下午的絕佳地點。

再長大一點，我媽媽幫我在當地的聯合銀行分行開立儲蓄帳戶，那家銀行是威斯康辛中部的主要金融機構。最酷的是，聯合銀行跟我們小學合作，讓小朋友也能儲蓄；每個星期五，會有個銀行代表來學校，跟六年級的學生合力在圖書館設立櫃台，而我所屬的三年級班級都會來報到，讓我們這些有帳戶人可以存款。

搬到愛荷華後，我學到如何開立支票帳戶、開支票、編列花費；此外，我也學了點投資理財。對我媽來說，是約翰爺爺讓她牢牢記住記帳的重要性。爺爺中學畢業後沒多久，就自行創業做起貨車運輸的生意，但他從未花心思管理，只挑簡單方便的生意來做，困難麻煩的就算了，以至於錯過了擴張生意的大好機會。很快地，他賠上了自己的貨車；接著，第二次世界大戰爆發，他馬上就被徵召入伍了。

他從太平洋回來後，已經被灌輸了一套軍事訓練的行事方法，於是重操舊業，再也不拒絕任何工作；沒多久，他便擁有了六台貨車，還有一組人馬為他工作。但他父親告訴說，這樣是養不起一個家庭的，鼓勵他從事農業——對有了家庭的愛荷華男人來說較為合適的職業。於是，他收了貨車運輸的生意，在76號公路旁買了些田地，延續家族傳統的同時也開創新局：量入為出，並且儲蓄、投資。

沒錯，泰莉從她爸爸身上學到了這些，但她不需要是個男人才能將爺爺的智慧傳承給我。

再過兩天我就要出發去參加人生中第一次的童子軍露營活動，現在差不多該打包了。我媽和我站在門廊玄關，一堆衣服、露營器材、食物、童軍相關設備等散亂在木頭地板上，中央躺著一個破舊不堪、年歲至少比我大兩倍的背包；看著一整個禮拜的日常生活用品，我不知該如何是好。

「如果你把襪子和內衣褲捲起來，而不是這樣亂丟，就可以省下不少空間了，」我媽說，指著背包的側袋。「你知道嗎，我去尼泊爾的時候，我用這個背包裝了三個月的必需品。」

杰姬正在餐桌旁檢查我的健康狀況報告——有氣喘的病史，左大腿骨在三歲時骨折、已動過手術，但偶爾仍會出點問題，季節性過敏可能會突然發作——然後再次幫我確定獲得榮譽勳章所需要的用具。

潔比則在生氣。「女童軍都沒這麼好玩。」她抗議道。

雖然打包行李像在解一道超級謎題，我仍然十分興奮，畢竟這是我第一年參加童子軍；而在幼童軍團待了七年後，我已經準備好要去參加營隊冒險活動，以及運用我在榮譽勳章課程裡學到的一切了！背著媽媽的背包，我知道自己也會帶著她的支持抵達營地。

每一年年初，她會和我一起編列接下來十二個月的開銷支出。每個月她都會給我一筆足以支付所有花費的零用錢，但也提醒我要打工才有閒錢可花，而且做家事不能算是一件「工作」。也因如此，媽媽總是鼓勵我自行創業，這也是我年紀還很小時就對於從商很有興趣的原因之一。

這麼說來，企業家精神會是我最喜歡的童軍榮譽之一也挺有道理的。雖然它並非成為鷹級童軍的必備條件，但我覺得應該要是才對；成功的企業家通常都是優秀的領袖人才，而這正是童軍推崇的特質，也是鷹級童軍最主要的定義和內涵。

一直以來，我都抱持著企業家的精神，為自己工作、獨立自主。身為一個醫生，我媽媽非常清楚地告訴我、提醒我，如果想要錢，就必須去賺；錢不會自己從天上掉下來，或從樹上長出來；錢是一種選擇。我的第一份工作不是擺攤賣檸檬水，而是提供每小時三塊美金的園藝服務；我的行銷概念很簡單：只需要非常低的花費，我就會幫你除草。我做了張海報，也設計了商標什麼的，雖然不是非常成功，但我的確除了些草、也做了些綠化。

在每週的企業家精神榮譽課程中，我學到如何創業——雖然也許不是最正確的方式，但滿有用的。我們的講師強調：「沒有所謂對或錯的方法。」你必須選擇會奏效的方式去做，如果你現在做不起來，那就換一個方式。

那時的我就學到了想法不值錢，十分錢就能買到一籮筐的想法，但執行力卻是無價之寶。（所以囉，最能代表我們這一代的電影《社群網戰》[3]中，有句惡名昭彰的台詞是這麼說的：如果你們是臉書的發明人，你們早就發明臉書了。）我從我們家每晚的談話中，學到形塑出我人生樣貌的種種價值觀；在參與童軍的過程中，我將這些觀念化為實際行動，堅定我的品格、明瞭何謂做一個好人。我媽媽們一路守望著我、帶領我，並給予我支持的力量。

我還記得自己第一次收到的支票，是幫忙鄰居修剪草坪而獲得的兩百美金。尼克和我一起工作、共享這份酬勞，我們都興奮極了！我還留著那張支票的影印本，可能放在我媽媽家的地下室某處吧。企業家精神榮譽課程結束後，尼克和我又再次搭擋組成「**J & W**居家工作團隊」；取名叫「居家工作」是因為我們不只修剪草坪，也願意幫你洗衣服或帶小孩——看客戶需要什麼服務，只要是在合理範疇內都行。

所有的努力之所以會成功，都是因為能好好管理開銷；這也是泰莉徹底執行於每個層面的家庭價值觀——包括我愛洗的熱水澡。

通常在游泳練習結束後回到家，我就會沖個熱水澡——超級長的那種，原因很簡

3　《社群網戰》（*The Social Network*）於二〇一〇年上映，導演為大衛·芬奇（David Fincher），描述當時仍是哈佛學生的馬克·祖克柏發明臉書、改變網路通訊世界的過程。電影改編自二〇〇九年暢銷書，《Facebook：性愛與金錢、天才與背叛交織的祕辛》（*The Accidental Billionaires*）。

單，我想把皮膚上的氯都洗掉。我媽說，「好……但如果你一定要這麼做，就得負擔這筆費用。」所以，如果每個月的水費超過六十美金，潔比和我不只要分攤差額，還必須平分整筆費用。過了一個月，因為洗了太多次很長的熱水澡，想當然爾，我媽媽從我的帳戶中扣掉三十五元美金。從此之後，我很快就學會了自制力。

後來我買了第一台車，是台跟我差不多年紀的二手貨車，花了三百美金。那台車用起來不錯，但我沒有把油錢估算在那一年的開銷內；我跑去跟我媽說，「油錢好貴喔。」

「我知道，」她說，「你得自己想辦法，有時候我們擬定的預算不夠用，就必須做些抉擇。」

其實抉擇也沒那麼難。我多修剪了一些草坪，因為我知道自己想要的是什麼，也願意付出勞力。

節儉的價值

對童軍來說，節儉不是什麼原則或規範；節儉的概念已超出金錢的範疇，因為我們堅守的野營哲學——「帶走所有你帶來的」，讓我們在外出露營時，不會攜帶過多的設備或食物而累死自己。我們只帶自己所需要的東西，不多不少、剛剛好。**「童軍工作以支付生活開銷、幫助他人；儲蓄以備不時之需；保護並節約自然資源；善於利用自己的時間和財產。」**

我在參與童子軍營隊期間，都使用那只我媽媽帶去尼泊爾與西藏的背包；她在那裡親眼目睹，人們只需要非常少的東西就能生存下來。那只背包早在八〇年代就存在了，如今仍功能健全；以前我就很愛用這個背包，因為知道裡頭就只有這些空間，所以必須決定哪些東西才是真正不可或缺的。

在每一次的露營前，會有童軍要負責統整規劃週末的食物；這項任務是晉級為一級童軍的門檻。要餵飽一整隊的人需要詳細的規劃，計算份量、擬定預算、採買、運送、烹飪、供餐，當然，還有最後的環境清潔。每一件我們沒有使用到的物品都必須從營地移出來，呼應「帶走所有你帶來的」精神。我發現，雖然實踐節儉的精神需要多花一點力氣，但最後卻省下了更多的精力。

輪到我要統籌食物時，杰姬和我坐下來仔細規劃我們想做的餐點。《童軍手冊》中有一堆關於餐點的建議，我們大多都參考裡面的來做，但我記得最清楚的是自己做了什麼當早餐：美式鬆餅。

美式鬆餅是我的最愛。母親節的時候（你可以想像這對我們家來說是個大日子），我和我妹幾乎都會做早餐、端到床邊給媽媽們吃；雖然說是「我和我妹」，其實就是我自己啦。我不是什麼大廚，但非常享受準備早餐的過程；可以嘗試做各種不同口味的鬆餅、混搭不同食材，對我來說是種消遣。巧克力碎片鬆餅、草莓鬆餅、肉桂蘋果鬆餅等等口味，可以無限延伸變化——而且我們還沒講到糖漿的口味呢！

做給童子軍吃的話，由於考量到預算，美食家的堅持就必須先放一邊，至少不可能用平底鍋煎。我決定要做一般的小煎餅，搭配炒碎蛋、火腿和起司；我還帶了蘋果汁的沖泡包，這樣一來我們在寒冬早晨中就有熱飲可以喝。

在採買時我很快就發現，如果要買我覺得最棒的糖漿，那必須選擇較便宜的零售品牌的鬆餅粉；後來問題自然而然就解決了，因為零售品牌的鬆餅粉是盒裝的，包裝材料較少，所以最後回收時也會方便許多。

我所有的花費控制在預算以內；杰姬幫我把收據收好——那時的我常掉錢包，紀錄不良——我再跟小隊報帳。我的伙伴們都認為餐點準備得很成功，我也這麼覺得，雖然必須六點就起床煮飯。

我很想買知名品牌的糖漿和鬆餅粉，但超出了預算，所以就用買得起的來做；聽起來雖然簡單，但卻是過去幾十年來美國人遺忘許久的原則。我們早已忘記儲蓄的習慣（**非常**五〇年代的概念！），沉浸於信用卡文化之中。根據美國商務部的統計，美國的個人平均儲蓄率在一九八二年到達高峰，約為年收入的9%；到了二〇〇八年，就在金融風暴發生前不久，個人平均儲蓄率降到5.5%左右，不到三十年內減少到只剩下60%。

為什麼會這樣？因為我們花的比賺的更多，以過著光鮮亮麗的生活。人家有游泳池，我們也要有；人家用**iPhone**，我們也要用；人家開賓士，我們也要開。我們想要娛樂享受，我們要、我們要、我們要。我們用信用卡，而不是用賺錢，來滿足對物質慾望的饑渴，將自我膨脹到遠超出真正的收入。

為了生活在以消費定義一切的社會裡，我們付出了最高的代價。我們對於物品的迷戀已經成癮；不斷下滑的成績、對流行文化的緊追不捨、不斷拿自己跟他人比較——這些不是病，而是對於某種生活風格執迷不誤的症狀（或許也是一種「生活方式的選擇」？）。隨時間流逝，我們曾拿來定義自我的物品再也不屬於自己，最後我們要面對的問題不是「誰擁有什麼？」，而是「誰擁有誰？」

我很幸運能擁有這樣的雙親——教我要自己賺錢買想要的東西；除了生存以外，她們也教導我重要的價值觀：愛、家庭、社群，以及待人如待己。有時候這的確是場辛苦的拉鋸戰——流行文化中的消費訊息無所不在，而我們每天都會接觸到一千個左右的廣告——但我們家每晚關於價值觀的對話，成為有效對抗慾望文化的最佳證明。

不過有時候，如同我們晚餐時的討論，光是工作是不夠的。有時候事情遠超出你能掌控的範疇，好比說出生在美國而能享有的權利，或是擁有慈愛的雙親等等，這些都能讓我們過著比較好的生活；有時候，好比說多發性硬化症，就能把我們帶回原點，而我們也只能隨遇而安。為了要打出一手好牌，你必須了解每一張牌的價值，不能只是視為理所當然——這是我媽很早就教會我的事情。

我和我媽都很著迷於馬科基塔洞穴州立公園的網狀地下通道和美麗的洞窟，距離愛荷華市約莫兩小時車程。我們躺在花崗石地面上，我把工程帽放在身旁，於是就有足夠的光線讓我們欣賞山洞內迷人的樣貌。那時我十一歲，還不知道泰莉罹患了多發性硬化症；我只知道她需要人家幫忙，她說我得攜帶水和食物、且我們必須中途休息好幾次——但如果這就是全部我得做的事，那也沒什麼，所以我們就出發了。

泰莉在休息時分享了自己最後一次當背包客的經驗，那時她在喜馬拉雅山山區（這才是真正的探險啊）參與直接救濟組織（Direct Relief）的國際計畫。她從醫學院畢業、實習結束後，就決定花一年的時間當志工，善用所學的專業；她去了加勒比海、尼泊爾和西藏，在貧困、急需醫療專業的地區工作。加勒比海的情況很糟，但尼泊爾和西藏卻是一貧如洗，什麼都沒有。

在喜馬拉雅山上時，她開始厭惡物資過量、毫無節制這件事。她覺得很納悶，究竟為什麼這麼多人如此浪費，但卻有另一群人連最基本的生活必需品都沒有？我們躺在山洞內的時候，她跟我說西藏那裡連床和自來水都沒有。

「你是說他們必須從像這樣的山洞內取水喝？」我說，興奮地想著在山洞裡面露營的可能性。

「沒錯，但很不安全啊。查克，他們這麼做是因為沒有其他的選擇，不是因為自己想這麼做。」

「喔……」

「事實上，他們連衛生紙都沒有。」

「**什麼？**」

「沒錯，他們必須用左手擦屁股，這就是為什麼在西藏吃飯時人們只用右手。」她有時會下廚做東南亞料理，當她做這些料理時，都會鼓勵我們試著用右手拿食物吃，而我總是把握不用餐具的機會，從不感到害臊；現在我明白是怎麼一回事後，突然感到一陣作嘔。

「好噁喔！」我笑出來。

「查克，永遠不要忘記我們有多幸運。我知道有時候日子並不好過，尤其是現在的我常常需要休息，但是我們真的非常、非常幸運能擁有我們所擁有的。永遠不要忘記這一點。」

現在，我明白我們家所必須面對的，其實也是每個美國家庭在面對的難題：要在這個常令人碰壁，有時充滿敵意、甚至是危險的世界裡，找到愛、力量和意義。我們的挑戰是，如何能就手邊所擁有的來做出最好的表現，同時不忘參與這場牌局的初衷。不管是金錢上、學術上或專業上，若在追求成功的過程中失去了最根本的身份或迷失自我，這樣的成功都是一文不值的。

在山洞內的我，點了點頭。

以前我從來不覺得衛生紙是奢侈品，但是她說得對極了。

對我來說，節儉是明白什麼才是真正有價值的，同時知道要為之付出努力、以工作掙得自己想要的東西。我不是反對用好東西，事實上，我自己擁有好幾套電腦遊戲、一台高畫質電視、很不錯的衣服、一些貴得離譜的古龍水，還有很多的衛生紙；但我可是拚死拚活工作，所以才能用現金購買這些東西，而且我常常使用它們。我反對的，是炫富式的消費；世界上有太多貧困的人們，而我們卻把時間花在追求頹廢、過剩的慾望上，甚至付擔不起這些東西。

我們可以成為更好的人。

第十三章　勇敢

My Two Moms

在我進到愛荷華西部高中前，已經準備好要如何回答別人問我爸媽從事什麼工作了。我會眼睛眨也不眨地說：「喔，他們都在醫療業。」

那時我就已明白，我們家在社會上不被視為「正常」的家庭。

終於有一天，我在某堂自然科學課的時候結巴了。但這對我來說卻是個解放，把我從憂心忡忡和恐懼的狀態中釋放出來，也賦予我真實活出自己的勇氣。

我坐在工作台前，跟我的搭檔一起做實驗。我們的老師，思克莉小姐，一邊在教室裡巡視我們的進度、一邊與學生聊天；她身材高挑、充滿魅力，三十出頭歲左右，是那種學生會覺得很正的老師。「查克，」她說，突然站在我座位旁，「你爸媽是做什麼的呀？」

「這個嘛，」我結巴道，試著將心思集中在手上的實驗。「嗯，我媽是個醫生，而另一個……」我聲音愈來愈小，抬頭看著她。她讓我措手不及。我花了點時間，看了一眼身邊的搭檔，鎮定下來，接著說出標準答案：「他們都是醫護人員。」

她笑了笑，點點頭，然後移動到下一張實驗桌旁。

該死。

接下來整堂課，我都沒有辦法專心做實驗；雖然表面上的我看起來很平靜，但內心卻快嚇死了。那是最後一堂課，所以下課鈴一響，我馬上直奔教室門口，但在抵達的前一秒卻聽見：「嘿，查克，你可以等一下嗎？」

不行。沒辦法，我要去練習橄欖球了。「嗯……當然。」**不！你在幹嘛？快去打**

橄欖球啊！

等到所有同學都離開教室後——包括尼克，離去前還對我使了個「你死定了」的眼色——思克莉小姐走過來，「查克，」她微笑著對我說，「別擔心，在我問你爸媽在做什麼的時候，我看見你猶豫了一下；我只是想讓你知道這沒什麼，這是個安全的環境，你在這裡很安全。」

我點了點頭，然後就匆匆趕去練球了。在我套上護具的時候，我一直在想剛才那是怎麼一回事；我發現自己在場上傳球的時候也很難專心，練習得很差，連我的隊友都注意到了。

中場休息時，我跟傑克聊了一下。他的防守擒抱技巧非常好；我從七年級開始就跟他一起練球，他見過我媽媽們，且雖然他的爸媽比較保守，但他對我的家庭完全沒有意見。

「嘿，傑克，」在戴頭盔的時候我叫住他，「你沒辦法分辨……我有兩個媽媽對不對？我的意思是，你不能只是看著我，就知道我有兩個媽媽對嗎？」

傑克困惑地看了我一眼，接著放聲大笑，「你在跟我開玩笑，對吧？」

那一晚我回到家後，完全沒跟我媽媽提思克莉小姐說了什麼；其實根本也沒什麼好說的。那時的我尚未意識到，她那堅定的話語引領我走上這趟旅程，最後能讓我寫出這本書來。不過，現在看來，她若沒有向我保證教室是個安全的地方，沒有那番善解人意的話，以及令人感到平靜的笑容，我永遠不可能有勇氣走到下一步：為了我的媽媽們，向學校出櫃。

一年級新生通常不會有機會為學校校刊《西城故事》（*West Side Story*）寫稿，因為你得先花一年的時間蹲在新聞研究室，學習新聞寫作的架構（倒金字塔形，有人會嗎？），構思如何進行一場成功的訪談，並分辨純新聞報導、專題評論及其他寫作之間的不同。雖然我喜歡寫新聞報導，尤其是運動方面的文章，但我更喜歡寫評論；在新聞寫作課上，我發現我有自己的觀點，而新聞報導本身的特性限制了我的寫作風格。（某次在報導馬科斯影城的新聞寫作就出了事；我寫說，這家在地的連鎖電影院，對於要擴大版圖到世界各地的計畫不予置評。雖然實情是如此，但我處理得不妥當。更糟的是，我失去了那堂課成績拿A的機會。）

我們的老師、同時也是學校校刊的指導老師，史列辛格小姐（我們都稱她為史小姐），她人很好但也非常嚴格——要把一群粗野的高中生集合起來辦校刊，必須要有一定程度的紀律才行；且她的眼光銳利，能篩選出具有社會價值或揭露殘酷事實的好文章。

那年的第二個學期，就在冬季快結束時，我們的作業是寫一篇專欄文章。我坐在客廳裡的電腦前，心想總算有了可以一吐為快、寫**任何**東西的機會了；而我腦海中不斷重現第一天踏進高中校門時聽到的話：「喂，死同性戀！快給我過來！」雖然這句話不是對著我、或任何我認識的人說，但卻讓我馬上清楚意識到，接下來的日子肯定十分漫長。

交了作業後，我馬上就忘了這件事，因為我更擔心接下來的游泳聯賽和愈來愈熱愛的饒舌音樂。整個初中我都一直是個搖滾迷，但我的 **iPod mini** 裡頭永遠有那麼一兩張饒舌音樂專輯（很幫派吧！）；現在我開始聽阿姆、五角、陽極和遊戲玩家，一部分是因為麥克．菲爾普斯[1]說他每次比賽前都會聽陽極的那首〈去實現吧〉（**Go Getta**）。我必須把頭髮染成淺色（各地學校游泳隊的傳統），然後把鬍子、體毛刮掉，為年度最盛大的比賽做準備；這場比賽將競爭激烈，每一秒及每一根毛髮都攸關成敗。

我一心一意想著游泳比賽的事，完全忘了自己寫過的專欄。但史列辛格小姐很快就改好作業還給我們了，且令我氣餒的是，上面全是紅筆改過的痕跡；想當然爾，她不喜歡我寫的東西。「查克，」史小姐開口說，神情嚴肅。**該死！我以為我寫得很好。**

「我覺得你的專欄應該要登在這個月的校刊上。」

我愣了一下，原來不是我想的那樣。

「妳……妳說什麼？」

「我覺得你寫得非常、非常棒，米瑞恩也這麼認為。」米瑞恩是校刊專欄的編輯。我看了作業一眼，發現是米瑞恩改的，她這麼做是為了要刊登這篇專欄文章。在

1　麥克．菲爾普斯（**Michael Phelps**）美國著名游泳選手，二〇〇四年於雅典奧運中奪得六枚金牌，二〇〇八年北京奧運獲得八枚金牌，二〇一二年倫敦奧運後又成為史上拿下最多金牌（共十八枚）的選手。

文章最下面，她寫著：「這篇寫得非常、非常棒，我們刊出來吧！」還劃了底線。

但我並沒有很興奮，我告訴史小姐讓我再考慮一下。

經過內心一番天人交戰，十六天後，《西城故事》刊載了我的第一篇專欄文章：

「看那個廢物，真是死同性戀。」「凱蒂妳看到了沒，那樣好Gay喔！」「你這個怪胎想幹嘛？」這些話是每個人每天都會聽到的，有些人可能早已麻木不仁，但每次我聽到任何一句這種語帶侮辱的話時，我都會感到退縮不安，請對方不要再這麼說了。這些話深深影響了我，為什麼呢？因為我的媽媽們是女同性戀。八月二十二日，我第一次進到愛荷華西部高中時，首先聽到的就是：「喂，死同性戀！快給我過來！」我覺得大家都憎惡我。

今年預計有二十七萬六千名的美國高中生會試圖自殺，有五千名會成功；在那五千名的學生中，約有六百五十人的自我認同是同性戀，也就是說LGBT身份的學生的自殺率是異性戀同儕的三倍。也許這也沒什麼好意外的，因為LGBT青少年在校園裡受到威脅及傷害的可能性，是異性戀同儕的兩倍。這些都讓出櫃過程困難重重、充滿危險，尤其對於生活周遭皆是保守族群的人們來說更是如此。

為什麼人們對同性戀會有這麼敵視的態度呢？其實，我覺得答案非常簡單。人們恐懼自己所不了解的一切，為了要隱藏內心的懼怕，他們表現出毫不害怕的模樣；不過我當然無法百分之百地肯定原因，因為我從未敵視同性戀，我想，這是我跟兩個女同性戀住在一起的緣故。我們住在愛荷華市，我覺得這是個多元、包容的城市，大多時候人們聽到我的媽媽們是女同性戀時，接下來的對話差不多是這樣：

「你的媽媽們是女同性戀？」

「是呀。」

「好酷喔，那她們很辣嗎？」

我笑出聲來，「一點也不。」

大多時候的對話就是如此。我有因此失去過一些朋友，但沒有失去太多。這部分最令我感到挫敗的是，很多使用歧視語言的人們，根本就不認識任何男同性戀或女同性戀；然而，他們卻仍貶低同性戀的人格。說真的，如果你要歧視特定族群，至少先跟他們說說話，這樣會比較有禮貌吧。

很多 LGBT 青少年被朋友、家人所接納，但不幸的是，有更多 LGBT 者的狀況並非如此。我想他們不被接納的部分原因，就是因為有人無意中使用了這些歧視語言。當這些毀損人格的字眼一再被使用，同性戀者就會自動被看成是一無是處的人；但事實並非如此，我就認識一些可能會令你感到訝異的「非異性戀」者，因為他們竟然如此「平凡」。

所以，幫我一個忙吧，下次你聽見有人說：「看那個死同性戀」，或是：「真是個怪胎」，請他們想想自己剛才說了什麼；也許有一天，我們踏進的校園能不再以性傾向，而是以你的人格內涵來定義你。雖然若沒有足夠的自制力，我想這一切是很難實現的。

但至少我可以這麼夢想。

《西城故事》都是在星期五出刊，而游泳比賽已經進入冠軍總決賽了。既然我不用再早上六點起床、開車到學校練游泳，就可以「睡懶覺」睡到七點半；我把車子停進學校停車格時，想到今天是出刊日，但不確定究竟該用什麼心態來看待才好。走去教室的路上，我看見兩個校刊社成員正在發校刊，因為我總是很享受閱讀的過程——另一方面也是為了我的新聞寫作課——所以就拿了一份，認真地讀了起來。

走進第一堂課的教室時，我遇到一些已經讀過那篇專欄的朋友，他們都覺得寫得很棒，我聽了很高興。雖然有可能是因為跟同年級的人相比，我的身高滿高的，或是因為我頭髮剪得很短，看起來年齡稍長；或是因為事實上我寫的東西根本就沒什麼大不了。總之，那天早上——那一整天，甚至是這輩子，我沒有聽見任何一句負面的評語。

我還是會聽到那些令人反感的字眼，我也總是要求對方不要再那麼說了，但同時，我也發現人們開始發現自己說了「死同性戀」之類的話，然後會改口用其他的詞彙來替代。

最劇烈的反應在我回家後才發生。因為杰姬也喜歡看校刊，但她訂的那份還沒送來，我就把我的留在廚房流理台上。

我正在自己的房裡做幾何作業，我媽媽們叫我到廚房吃晚飯。杰姬的眼眶裡仍含著淚水，而泰莉笑得很燦爛——已經很久沒見到她這樣的笑容了；她們緊緊地抱著我，什麼也沒說。

什麼都不需要說。

我高二那年，春天快結束時某個涼爽的早晨，潔比走進車庫瞥見泰莉正在調低我的腳踏車座椅高度（這個嘛，嚴格說來是泰莉的車，但過去兩年來都是我在騎）；潔比馬上就知道媽媽打算要幹嘛——她頭上戴的安全帽也早就換我在用了。憂慮的潔比只好打開家裡的大門，呼喊我和杰姬。

我人正在廚房看報紙，隨即飛快地跑到車庫；當我一看見媽媽企圖要做的事時，馬上勸她放棄。她已經將近十年沒有騎腳踏車了。靠著電療法，她漸漸恢復了力氣；雖然距離身體完全康復仍有很長一段距離，但不可否認地，她的確好多了。然而，現在這卻是個不必要的風險，而我也不希望她冒這個險——我非常強烈地向她表達這樣的心情。

她現在比較少跌倒了，但因為過去親眼目睹她氣力盡失太多次了，我不希望她又讓自己暴露在身體可能會難以復原的風險中；我知道如果她重重摔了一跤，將承受許多的痛苦與折磨——不只是她，也包括我們全家。我不清楚**為什麼**她現在比較好了，不只是力氣恢復了些，她的精神和平衡感也好多了，所以她很有自信，覺得自己辦得到。

杰姬雖然也半信半疑，但比我更相信泰莉自己的判斷。現在回想起來，我比較能明白原因何在了；泰莉畢竟是第一個發現自己身體狀況異常的人，不論她有多麼固執——固執到一旦她下了什麼決定、眼神透露出鋼鐵般的決心，你就知道最好不要唱反調。

「杰姬，」我媽媽緊抓著腳踏車說道，「如果妳覺得我不應該騎的話，我就不騎了。」

為了有個掌控全局的方法，我建議如果她非得這麼做，那我和潔比會跑在她身邊看著，杰姬則騎在她後頭。

之前暑假時，我和杰姬一起騎腳踏車到猶他州——那是一趟又振奮又累人的奇妙之旅。其中一個騎車的伙伴引述孔子的名言來鼓勵我：「我們最引以為傲的事不在於從不跌倒，而是每次跌倒後都能再站起來。」[2]。我記得那時想著，這趟旅程跟**LGBT**人權運動十分相似；看起來運動的聲勢逐漸增大，或許也快要抵達「臨界量」[3]的程度，輪軸正持續運轉。

我媽媽把腳踏車牽到路邊，看著杰姬的眼睛說，「我可以做得到。」但又有點矛盾地說，如果杰姬覺得不妥，那她也就不堅持這麼做了。

杰姬沒說半句話，只是跨上了自己的腳踏車。

我們等到沒有任何車輛經過時才出發，泰莉將腳放在踏板上——八年來的第一次；雖然她可能恢復了一些力氣，但她的身體仍有點萎縮，小腿就像小學女生般瘦弱。我已經在馬路上了，潔比站在路邊，比我還緊張。我仍記得泰莉在多發性硬化症發作前的模樣，但對潔比來說，泰莉的病況卻是她出生以來即存在的事實。

我手放在泰莉肩上，讓她把另一隻腳放在踏板時不至於失去平衡。接著，她再一次證明了自己做到了不可能的事。在坐了五年的輪椅、診斷患病至今八年後，我媽媽騎上了腳踏車。

潔比和我在旁跑步跟著，但在過了十碼左右的距離後，我媽媽領先了，而我們落在後頭。對我們四個人來說，那是個神奇的時刻。潔比哭了，杰姬哭了，泰莉也哭了，連我都嗆到了；泰莉在迴轉時開心地大叫，我大聲鼓掌為她加油，潔比則因為總算平靜下來、加上不敢置信的心情而倒在草地上。

我媽媽在附近騎了一圈，回到車庫的她臉上掛著兩行淚水。隔天在教堂聚會時，我媽媽告訴大家她騎腳踏車的事，並因著這樣的喜樂點了蠟燭。

2　原文為 Our greatest glory is not in never falling, but in rising up every time we fall，事實上此句非出自孔子，而是經濟學家哥德史密斯（O. Goldsmith）的名言。

3　臨界量（Critical Mass）為單車用語，指稱都市裡的單車使用者集結上街的活動，最初為反應對單車騎士不友善的道路設計，後演變為直接行動之意，在約定好的時間、地點內一群人騎單車上街。

勇敢的價值

二〇〇九年的秋天，我剛成為愛荷華大學的新生，常常泡在市中心的爪哇咖啡店念書。在專心研讀《科技與社會》（*Technology and Society*）這本教科書的時候，我發現有幾個工作人員好像在架設錄音器材，幾張小椅子擺在咖啡店後方的舞台上，靠中央的地方是音控台，幾條線從舞台那端延伸接在上頭。

一群人站在舞台旁相互交談，旁邊立著一張小小的告示，上頭寫著：「交流，班奇佛」。我知道班奇佛和他的廣播電台，因為他是尼克的伯伯（愛荷華市常讓人感覺像是小城鎮般），我很快就想到他是在訪問一群茶黨[4]人士——這場運動正開始吸引大眾的注意力；一個穿著三件式西裝花言巧語的人、一個戴著牛仔帽、一個年輕的學生、一個藍領階級、一個保守女牧師和一個很明顯是要競選國會議員的人，同時登場，除了茶黨外還有其他的可能性嗎？所有的設備都架好後，訪談隨即開始，每個與談人輪流說明自己在茶黨中扮演的角色、為什麼會參與運動、以及他們對這個非官方組織的期待與抱負。我仍在念書——為了即將到來的期中考，但同時花了一點注意力在他們的對話上。

大概過了三十分鐘，主持人班奇佛開放現場觀眾及節目聽眾提問，而我正好唸到一個段落，距離下一堂課還有些時間，所以就留下來聽大家發言。在一連串關於稅收及財務政策的問題後，我決定要為我自己發問；那一刻，我必須要鼓起很大的勇氣，如同我們在童軍中學到的：「**為自己認為是對的事情挺身而出，就算別人會取笑或威脅你。**」

當班奇佛點我發問時，我感到胃部一陣痙攣，決定要從自己比較熟悉的部分開始講起：「我叫查克，我是愛荷華大學的學生，我也是個鷹級童軍、企業家、當然也是個資本主義者，」這麼說是因為其中一個與談者認為歐巴馬總統是社會主義者，有些人笑出聲來，甚至有人拍手歡呼、表示贊同。「我不確定你們有沒有看到幾週前《狄蒙紀錄報》，不過民調結果表示92％的愛荷華人民不覺得同性婚姻合法化會影響他們的生活；我當然是那8％的人之一，因為我的女同性戀媽媽們終於可以合法結婚了，對此我非常興奮！我好奇的是，身為有限政府的支持者，你們的想法為何，且是否贊同最高法院的判決結果。」

大家一片靜默，與談人正在思考我的提問。原先因為我表明自己是資本主義者、鷹級童軍的熱切笑容，現在則一臉擔憂，很同情我的樣子。那位高中生率先發言，表示完全支持婚姻平權；戴著牛仔帽、自認是自由主義者的男子，接著表示贊同。

4　茶黨（Tea Party Folks）運動為二〇〇九年興起的美國社會運動，由主張保守經濟政策的右翼人士發起；最初源起於反稅運動的抗議，後因反對「刺激經濟復甦計畫導致國債增加」而逐漸聲勢壯大，參與者透過網路而集結起來、策劃抗議活動。

其他與談人看起來都非常不自在；最後，那位藍領階級的男子說，他認為愛荷華應該來辦投票（這樣的說法後來在公聽會上一再被重提），他對自己的建議自信滿滿。

那位保守女牧師則在兩難中掙扎。

「你見過你的父親嗎？」她問我。

「從沒見過，」我回答，「我的生理父親是個匿名的精子捐贈者。」在另一個時空下，我可能會進一步解釋「父親」和「爸爸」對我來說具有不同的意義，每個人都會有個生理父親，但「爸爸」這個頭銜卻是經由情感和愛的連結而來、而非由生理基因所定。

「你不會很想見見自己的父親嗎？或是**擁有**一個父親？」她接續問道，臉上顯露出非常擔心我的表情。

「不會呀，」我回答，「我覺得生理上的連結不是那麼重要，重要的是情感上的連結。」

由於命運巧妙的安排，後來我發現，這位牧師在電台廣播節目中斷章取義，認為我在公聽會上說自己和妹妹血緣相同「是件很酷的事」，根本與之前的發言自我矛盾。然而，我懷疑現在有多少人——包括宣稱自己領養了二十三個小孩的米歇爾．巴克曼[5]——會真的認為血緣關係的重要性遠勝於情感上的連結。

不過，那一天她只是點了點頭，看著其他伙伴們以尋求支持。西裝男很快地避開眼神，沒說半句話，議員則咕噥著支持人們投票之類的。

在大家提了幾個問題後沒多久，廣播即告一段落，而我決定多待一會兒。那位非常擔心我父親的女牧師走過來，又問了我幾個問題。

「所以你從沒見過你爸爸？」

「沒錯。」我說。

「你說你是鷹級童軍？」

「我是，」我接著說，「而且事實上，我媽媽們非常積極地參與我所有的童軍活動。」

「嗯嗯，」她說，停頓了一下，接著又說，「你看起來真是個有魅力又聰明的年輕人。」

謝謝？大概是吧，我想。我會盡我所能運用自己所擁有的。

「謝謝。」我說，露出有點勉強的笑容。

5 米歇爾．巴克曼（Michele Bachmann）為美國共和黨議員，曾參選二〇一二年美國總統選舉的共和黨黨內初選；支持草根保守派的茶黨運動。

在過了將近十年的輪椅人生後，我媽媽終於能再度用雙腳站立了。

我之所以能夠站出來跟別人談自己的家庭，只是因為我媽媽們在能夠輕易過著舒服日子的時候，就勇於為自身權益發聲。泰莉在遇到杰姬前，便選擇要當一個母親——即使社會告訴她：「不行，這不是妳這種人可以做的事。」在幾乎沒有任何希望的情況下，她成功了。而杰姬，在面對徹底改變人生的多發性硬化症和不確定的未來、醫生說泰莉即將「每況愈下」時，選擇留在泰莉身邊。

我媽媽們教導我，勇氣不是我們在電視或電影中看到的虛張聲勢；她們告訴我，勇氣並非毫無恐懼——而是能**掌控**恐懼。勇氣是知道自己會被擊潰，仍大步向前行。男同志、女同志直到二十世紀才能開始做真實的自己；近幾十年來，不少勇敢的男人與女人們走出衣櫃、吐露自己真實的身份，誠實，才成為大多數同性戀者的安全選項。勇氣，是當一九九五年法律規定有色人種只能坐在公車後排，黑人女性羅莎·帕克斯卻拒絕讓座[6]。勇氣，是一九六九年石牆事件[7]那群人們的示威決心。當政府說：「你們是二等公民，是不受歡迎的。」他們勇敢挺身而出說：「這是不對的！」勇氣，是驅使人們的動力——如同伏爾泰所說：「當掌權者是錯的，站在對的那一邊是很危險的。」[8]

然而，當別人正在嘲弄或辱罵同性戀時，我卻常常只是沉默站在一旁，所以很難覺得自己光靠那場公聽會的發言就可以被稱為「勇敢的人」。一想到年紀更小時，有好幾次我都想為媽媽們辯護，最後卻因怯懦而退縮，就覺得自己被從未說出口的話、及那份阻撓我的恐懼所詛咒。

那時的我為了要跟別人一樣以獲得安全感，卻忽略了一項事實：人們本來就可以不一樣。我跟別人不一樣，我媽媽們很不一樣，我的家庭也很不一樣；但是將我們彼此緊密相連的那份愛卻是完全一樣的。意識到這一點後——也明白不管我是同性戀或異性戀、高或矮、黑或白，都不重要——讓我完全掌控了內在的恐懼。我的家庭可以看來有點不一樣，很多人甚至不認為我們是個「真正」的家庭，但是沒有關係；不一樣是**OK**的，不一樣不會讓我們、或讓任何人失去被法律保護的資格。

如同《童軍手冊》所說：「拯救他人的性命不是勇敢唯一的考驗；每一次當你不管他人怎麼說，堅持做正確的事，你就是勇敢的人；當你說實話，承認犯了錯並為此道歉，你就是勇敢的人；當你為他人的權益挺身而出，你就表現出真正的勇氣。」

阿門。

不管今天的我具有什麼樣的勇氣，都是我所認識最勇敢的人教導我的——那就是我的兩個媽媽。

6　一九五五年十二月一日，美國阿拉巴馬州的羅莎．帕克斯（**Rosa Parks**），因拒絕司機要求讓座給白人乘客，遭到警方逮捕與罰款，引起全體黑人市民拒搭公車的運動，為黑人民權運動之始。

7　石牆事件（**Stonewall Riots**）普遍被視為同性戀平權運動的開始，發生於一九六九年六月二十八日凌晨，紐約格林威治村的石牆酒吧；因警察的不當臨檢，而造成一連串暴力示威的衝突事件。

8　原文為**It is dangerous to be right when those in power are wrong**。

第十四章　日行一善

My Two Moms

二〇〇九年四月三日，愛荷華州最高法院對「Varnum v. Brien」一案做出判決，認為禁止同性婚姻違反該州的憲法精神。沒有任何言語可以描述我的感受！我用 **iPod** 播放 U2 合唱團的〈美好的一天〉（Beautiful Day），就這麼反覆聽著，度過接下來美好的一天。請原諒一個二十歲年輕人的口語用法——但這真的是，用一個字來形容的話——爽！

法院判決認為：「所謂的平等保障，要求法律一視同仁對待所有人民，因為人民在法律面前的地位是平等的。」所以在婚姻權的部分，愛荷華的法律不能將同性戀伴侶與異性戀伴侶、同性愛與異性之間的愛分開來看。這段經由合法訴訟程序而來的結論，其實我早知再正確不過：不應以性傾向為由，而剝奪個人應享有的尊重、尊嚴及平等。

在此具有里程碑意義的判決中，大法官馬克・卡狄寫道：「我們的責任……是保障個人的《憲法》權利，不因法律而受損，即使當這樣的權利還未被廣泛地接受，以前也未有人想像過，或是根本就直接挑戰根深蒂固、長久以來不為所動的法條或法令。」

對於身受「Varnum v. Brien」一案牽連的伴侶，以及許多愛荷華人來說——包括我媽媽們，這是個徹底改變人生的判決。民主黨參議員麥克・格隆斯托與愛荷華州眾議院發言人派特・墨菲發表的聯合聲明中，有一段話深得我心：「當所有該說、該做的都完成了，我們相信，今日唯一剩下的問題是，為什麼這件事花了我們這麼久的時間？」

新聞一播出，我馬上打給媽媽，電話轉到她們的語音信箱；接著我趕到學校，一路上無法克制地傻笑著。在新聞寫作課上，我馬上開始動筆撰寫下一篇專欄文章：

身為愛荷華州一對同性伴侶的兒子、全國女同性戀媽媽首批試管嬰兒之一，本週的我十分興高采烈，因為愛荷華最高法院全體一致通過撤銷同性婚姻禁令的決議。

當絕大部分的愛荷華人仍反對同性婚姻，且《愛荷華憲法》修正案仍可能再度禁止同性婚姻之際，這項決議為愛荷華帶來獨一無二、為全國創下先例的機會。

愛荷華州議會竟然沒有努力維護同性伴侶結婚的權利，此舉對搖搖欲墜的民主黨多數而言是自毀政途的；議會應該要區分婚姻與民事結合的不同。根據二〇〇八年十二月的《新聞週刊》（Newsweek）民調顯示，大部分的美國人都支持同性伴侶至少能有民事結合的權利。我們需要一位勇敢的立法者，提出一套把政府和婚姻完全分開來的法案，使宗教儀式歸於宗教體制；並制定《民事結合法》，使其成為法定福利的基準，讓任何兩人——包括性別相同者——都能自由結合。

這樣的法令不僅能滿足嚴格解釋法令定義的保守派，也能打破只有婚姻能帶來特定福利的規範，使所有伴侶——不論性傾向為何——皆能擁有同樣的保障。

二〇〇八年的總統大選結果橫掃整個政治界，公部門應正視同性伴侶與其家庭為社會常態；社會應要認知到，雙親的性別對小孩成長過程並不會造成任何影響。

我，就是一個活生生的例子。我是由一對同性伴侶撫養長大，且這對伴侶得終身面對多發性硬化症的嚴苛考驗；但我仍平安順遂地長大了。不管在演講辯論、新聞寫作以及學業方面，我皆有所成就，也全心投入社區服務，拿到全國數所知名大學的入學通知。

同性戀父母，就定義而言，並非不適任的父母；同性戀家庭，也不比任何的「一般」家庭要來得差。我曾在男性身上找到行為準則的典範，但卻是在深受病魔襲擊的泰莉（我的生理母親）身上，看見了真正的勇氣；就我所知，至今仍無人能超越她的勇敢。我以身為她的兒子為榮，我也希望，泰莉很快就能稱呼杰姬為她的妻子，並能以此為榮。

愛荷華最高法院的勇敢決議值得稱讚，但同時也應牢記這項決議並非終點。爭取平權之路才正要展開，推動《民事結合法》絕對是大步向前邁進的最佳策略之一。

我的新聞寫作指導老師看過後，便鼓勵我投稿到《狄蒙紀錄報》——愛荷華最大的報社；報社錄用了我的文章，並刊載於週日特刊上，整個愛荷華州約有二十萬訂戶會收到。這是個圓滿的時刻，此趟旅程始於我第一次撰寫專欄、在全校師生面前為媽媽們出櫃，而現在我再度為自己的家庭出櫃——在整個愛荷華州面前。即便這一刻是如此完滿，我仍不知道這也只是另一趟旅程的起點而已。

好笑的是，對我家人而言這個決定同時「是」也「不是」件大事。我們家就是我們家，從以前到現在都不覺得需要得到國家的認同；即使我媽媽們並非合法結婚，我們都知道她們在朋友、家人以及上帝的見證下結婚了，那才是最重要的。

另一方面，我們很快就發現，伴隨婚姻而來的種種法定權利、優待、保障等非常重要，於是我媽媽們想再辦場教堂婚禮，選在二〇〇九年十月十七日舉行，那天同時也是杰姬的父母親第十五週年結婚紀念日。

然而在夏季期間，經濟衰退初始之際，愛荷華大學醫院與醫學中心裁撤了杰姬的護士職位；她收到了裁員通知，九十天後即會失去原有的工作以及健康保險——除非她每個月自付一筆高額的保險費用。換句話說，我媽媽們對彼此的承諾，無法讓杰姬掛在泰莉的家人健康保險之內；於是她們決定八月就舉辦法定婚禮，讓杰姬的健保不會有空窗期，然後按原定計畫，十月在教堂結婚。

那天真是個美麗、熱情的夏日，看著她們在牧師的幫忙下填寫結婚證書，簡直棒呆了；事實上，真是美妙極了！在她們仔仔細細填寫完畢後，我們一夥人便走到教堂前的小花園；在那裡我親眼見證她們兩人交換婚戒，並再次對彼此說：「我願意。」

接著，我們來到當地一家不錯的餐廳吃午飯，泰莉很驕傲地對服務生說她們才剛結婚。「喔，這樣呀，」她說，「那要送香檳給妳們才行！」

從我坐的位置可以看見餐廳經理拿著一瓶香檳走出來，看了看四周，瞥了一眼我們這桌，又退了回去；約莫一分鐘後，她出現了，並直直向我們走來。我知道媽媽們什麼都沒看到，但那個餐廳經理不大高興的神情說明了一切；顯然她沒有預期會是一對女同性戀伴侶，但為了信守承諾，還是送香檳過來了——即使她不怎麼開心。

「聽說妳們才剛結婚，」她笑容緊繃地說，「恭喜，這是給妳們的香檳。」接著將酒瓶子往桌上一擺，掉頭就走。但我們非常開心，因為在一起十五個年頭的她們，總算可以在愛荷華合法結婚、被法律認可為一對伴侶。

人生真美好呀。

但在公領域上就沒那麼美好了。在「**Varnum v. Brien**」一案的判決出來後，民調專家、記者們馬上開始跟進，想弄清楚愛荷華人到底在想什麼；儘管有無數的民調統計和文章，還是讓人難以捉摸。不過，**92**%的愛荷華人覺得自己不會受到判決結果的影響，但有**43**%的人堅持反對此一判決——表示他們可能會投票支持禁止同性婚姻的《憲法》修正草案。

共和黨州長候選人兩次提名皆落敗的普拉茨，這次當選為候選人並刻意以**Varnum**一案的判決為宣傳焦點——相信這會是他第三次競選州長失敗之因（雖然他很努力就是了！）普拉茨先生在好幾個場合都宣稱，如果他選上了州長，就會發佈行政命令，禁止書記員頒發結婚證書給同性伴侶——此舉被法律專家視為故作姿態，因為州長不能否決最高法院的判決。

即使目前為止選舉的氛圍仍傾向右派，他那極右保守派的風格也不怎麼吸引選民們。再次輸掉提名機會的普拉茨，將目標轉向即將到來的愛荷華最高法院續任投票；

續任投票就像是公民投票的運作機制，讓人民有機會罷免不適任的大法官，一次最多可罷免三位，原因通常是可能涉及某些罪嫌或貪汙腐敗。選票上的用語簡單明瞭：「某某大法官應該要繼續留在愛荷華最高法院嗎？」在愛荷華，這樣的投票每八年舉辦一次，但是從一九六二年至今，從未有任何一位大法官被罷免；事實上，票數遠遠低於門檻，沒有任何一位有被罷免的可能。

但就在二〇〇九年，普拉茨先生改變了這一切。

透過推特和兩個即時視訊部落格，我盯著筆記型電腦上的投票結果，來來回回瀏覽 **MSNBC**、**Fox News**、**CNN**，我的心開始下沉——愛荷華人民史無前例地罷免了三位大法官。

這一場投票不但醜陋，而且只剩下一種聲音。

美國全國婚姻組織（**National Organization of Marriage, NOM**）大力反對這些大法官的續任，而有些教會領袖可能違反了使其能維持非營利、免稅狀態的原則，鼓吹教區居民反對續任，來自於極右保守派團體的資金大量流入愛荷華州；當情勢明朗化後，不難發現，反對大法官續任的資金有 **95%** 皆來自愛荷華州以外的地區，有趣的是，支持大法官留任的資金中有將近 **95%** 來自於愛荷華本地。更重要的一點是，反對者所投入的資金是支持者的兩倍以上；毫無疑問的，外部勢力形塑了這場競賽的樣貌。

此外，共和黨再度成為愛荷華議院的最大黨，共和黨的泰瑞．布蘭斯德重回州長的職位，而民主黨的席次則降到最低，只剩下二十四至二十六位左右。我完全可以預測政黨廝殺就是會如此快速猛烈。

坐在沙發上的我不知該如何反應，也不知要說什麼或做什麼才好；但我突然意識到，愛荷華的婚姻平權不如我們所預期的進展順利，其實是個好契機——而且是絕佳的契機——在我們迫不及待要大肆慶祝、期待美好的未來之際，忽略了要穩固手中所擁有的，也忘了贏得社會大眾的信任是條漫漫長路。

我們以為自己已經一路衝刺抵達了終點，但是二〇一〇年大選結果卻是個嚴峻的提醒——這只不過是馬拉松賽跑的其中一小段路而已。我們應全副武裝，因為如今對方已佔了上風，而且絕不會浪費任何時間、將在戰場上使出渾身解數。

在一週內，八十四位愛荷華州議會代表被召集起來——每個人的法定任期為兩年，與國會議員相同——開會通過了〈聯合決議第六號〉，開始了一連串《愛荷華憲法》修法程序，重新定義婚姻為一男一女的結合；修憲過程中也排除同性伴侶使用民事結合、做為婚姻以外另一種選擇的可能性。由於社會大眾對此一議題的高度關注，眾議院決定要舉辦一場公聽會。

在論壇上，共和黨與民主黨各別邀請了五位他們最有興趣的講者；民主黨指定由本州最大的同志人權倡議組織——愛荷華同一（One Iowa），來決定這五位人選。其中一位浪達法律平權團體（Lambda Legal，愛荷華同一的法律諮詢伙伴）的工作人員，記得我二〇〇九年時刊載於《狄蒙紀錄報》、描述被兩個女同性戀媽媽撫養長大的文章，因此問我能否出席演講。浪達法律平權團體是全國推動LGBT權利最重要的組織之一，曾為「Lawrence v. Texas」一案訴訟，促使美國最高法院推翻德州的雞姦相關法令[1]。被這麼一個傳奇團體邀請，我簡直是受寵若驚，不過我告訴他們得看看是否能找到別人代班當保母，因為那時我必須要照顧朋友莎拉和艾瑞卡的小孩們。

後來當然找到了另外一個保母幫忙。

重點來了，我可以解釋為什麼同性婚姻應該要合法化、正式通過合法程序，在法律以及《憲法》第一、第十四條之下享有同等的保障；我可以回溯相關文獻，解釋為什麼同性戀不是一個選擇、不是一種心理疾病，對於個人撫養小孩的能力也沒有任何影響等等；我可以坐在你身旁，針鋒相對、一一討論所有觀點，直到我們的喉嚨都啞了。然而，到最後你仍然無法被說服、相信你原先就不相信的，所以我就長話短說，以下只是關於婚姻的一些看法，而婚姻由兩件事所組成：愛與承諾。不管是同性戀或異性戀，人類生來就具有愛與被愛的天性。

早在我媽媽們真正結婚之前，她們即已彼此相愛；早在擁有所有的法律權益、福

1　一九八八年，蒂龍．甘莫（Tyron Garner）和約翰．勞倫斯（John Geddes Lawrence）因在德州休斯頓市（Huston）的公寓內發生同性性行為、違反該州《雞姦法》而被逮捕；此案後上訴至美國聯邦最高法院。

利保障、和婚姻規定的公民義務之前，她們即已互許承諾。愛是責任，愛是彼此尊重，愛是勇氣、善良、信仰、節制、以及誠實。我曾在某處讀過，愛是給予某人能摧毀你的力量，並相信對方不會選擇這麼做。愛，是我從我媽媽們身上學到一切價值觀的總和。

那年我十六歲，看著杰姬將泰莉擁在懷裡；泰莉嗚咽說著多發性硬化症帶來的劇烈疼痛，而杰姬因為完全幫不上忙，只能抱著她啜泣。站在門口無助看著一切發生的我，在那一刻明白了：是那些拆散、區分這樣的愛的人們，試圖合理化同性與異性之間的愛不一樣、就像跨種族之間的愛也不一樣；那些自認為愛能被理解的人們，最沒有資格這麼做。如果你認為她們兩人的愛與承諾，與自己的愛與承諾相較之下，不那麼有價值，或不那麼正當、有意義的話，我想邀請你加入「外出共餐」[2]。

我最喜歡的作家馮內果曾寫下這麼一段話：「親愛的，世上只有一條我所知道的原則：該死！你必須要與人為善。」他在二〇〇七年逝世，但這段話卻流傳下來，我想是因為不無道理。為善的概念存在於各種宗教經典與許多哲學思想流派之中；為善是以示尊重，是與另一人互動時，以具體行動表示你相信他或她就跟自己一樣重要。

我希望在關於婚姻平權的議題辯論上，正反方皆能保有更多良善。同性戀時常被妖魔化、被惡意對待，只因為反對者不贊同他們「選擇的生活方式」；同樣的，反對同性婚姻者也常常被視為無知、充滿偏見及仇恨的人。但事實沒那麼簡單。

最近我為了某個活動要到洛杉磯，途中我意識到自己正在向司機解釋為什麼要去那裡。司機是個身體健壯、黑灰髮色的巴西人，四十二歲，但二十一歲即來到美國追夢，希望能成為戰鬥機駕駛員；因為沒辦法拿到綠卡，便改念飛行學校、接受非軍事駕駛的訓練，現在主要以駕駛私人飛機及汽車接送服務為生。

他直言不諱自己對於同性婚姻及同性戀的想法。由於在傳統天主教信仰為主的巴西長大，對他來說同性婚姻的概念完全不存在，更遑論如何討論這樣的概念。在仔細聆聽我為何來到洛杉磯、我的家庭背景等之後，他點了點頭，然後說：「看到兩個男人在一起，我會覺得很挑釁；兩個女人的話，雖然沒那麼挑釁，但還有一點不舒服。他們在我心裡就是不相配。」

在我們平和的對話過程中，我漸漸發現，儘管他覺得同性戀讓他不自在，但如果像我們這樣的家庭並不會帶來任何危險或傷害的話，他也不願將自己的觀點和信念強加在他人身上。他聽我說明了所有的論點，仍無法相信同性戀是沒有問題的，但也不認為該剝奪同性戀的權利——即使覺得「他們不相配」，他仍然尊重他們。

坦白說，我要的也不過是這樣而已。邱吉爾曾寫道：「勇氣是挺身而出、侃侃而談，也是安安靜靜地坐下聆聽。」在那一刻，我發現這句話的智慧特別強而有力，也

2　原書註：「外出共餐」（Out to Dinner）是我與數個非營利組織共同發起的一項倡議活動；我想擴大這項活動，號召全國 **LGBT** 伴侶及家庭，共同來邀請異性戀伴侶或家庭稍稍離開自己熟悉的社交圈，不談宗教或政治，就只是一起用餐。你可以從 **www.OutToDinner.org** 網站上，或是本書的 **P.257-P.258** 中獲得更多關於「外出共餐」的資訊。

牢記在心，期許自己在適當的時刻能閉上嘴巴、洗耳恭聽。

這個國家過去針對各項議題曾有過偉大的辯論及反思——革命、奴隸制度、經濟大蕭條、女權、種族隔離、冷戰——而我們也通過了這些考驗，因為人們學會彼此尊重，願意坐下來、好好交談。但是這些辯論不是在華盛頓特區或媒體上進行，雖然媒體可能有報導，但討論過程卻不是透過報紙、電台、或是晚間電視節目，而是由朋友、家人、鄰居與教區居民、同事與團隊伙伴、司機與乘客之間的真實對話所組成；這些話語或許很簡單，但卻帶領我們的國家向前邁進。

我相信，我們皆擁有描述人類處境的力量，而透過話語所雕塑出來的，不一定會是我們各自心底認定最好的結果；我認為是解放的處境，對某些人來說可能是壓迫。然而，我們所相信的價值，一旦銘刻成為歷史的書頁，將伴隨著無法輕忽的責任。不管我們的信念有多執著強烈，也必須正視那些就在我們身旁、深受到我們抉擇所影響的人們的自主性與尊嚴。

黑暗無法破除黑暗，正如仇恨不可能消弭仇恨；只有光亮、愛及寬容——即使是，也特別是來自於那些我們無法苟同的人們——才有辦法破除黑暗、消弭仇恨。

在我媽媽們舉行公開婚禮的一個月後，我決定，是時候該開始有所回饋了；這一回，輪到我日行一善。我參加一場在狄蒙市為 **LGBT** 家庭舉辦的活動，叫做「齊聚一桌」（**Around the Table**）；該活動由愛荷華同一及浪達法律平權團體主辦，目的為幫助同性伴侶（以及性別光譜所涵蓋的各種性／別身份）的小孩們回應關於同性婚姻判決的各種問題，及學習如何能繼續推動此一運動。我開車到狄蒙市、停在市中心街上，睡在裡頭，在車外紮營，就這麼與其他LGBT伴侶的小孩們一同工作——說穿了跟當保母差不多。

那一晚在所有人抵達前，工作人員們先一起吃飯，我學到如何跟小孩們說明家庭相關的各種問題，也認識了一個跟我年紀相仿、同樣有兩個媽媽的女孩，我們馬上一拍即合，直至今日仍是很好的朋友。但我們如此合拍並不是因為同樣擁有兩個媽媽，而是因為她人很風趣，且跟我一樣是個科幻迷。雖然同樣有女同性戀媽媽是構成我們友誼的部分原因，但卻不是最為關鍵的理由。

我們要帶的小孩年紀都很小，大部分只有七八歲；雖然我不是個特別多愁善感的人，但聽到他們分享自己的經驗時，仍激動得說不出話來。有些小孩根本沒有意識到自己的爸媽是同性戀，用他們的話來說，自己「只是剛好有兩個媽媽」；我記得有個小孩根本不知道自己為什麼會在那裡，他的生命經驗平凡得不得了，直到午餐後回來繼續上課，他才說，「喔，對呀，我是這裡的一份子。」

另一個有兩個媽媽的小男孩非常困惑，而且頗為沮喪。他說自己對於人們為何反對同性婚姻感到難過，無法理解為什麼有些人不希望他的媽媽們結婚，也不理解為什麼這樣會「不好」；他不斷反覆地說自己的家庭很正常。我看著他的眼睛，了解他真的很為此擔心不安。他相信來自同志家庭的小孩是真的——在每一方面——都跟來自異性戀家庭的小孩沒有任何不同。

就在小男孩說話時，我突然明白了一件事：我一直都是正常的，直到社會告訴我，他們覺得我不正常。我發現，那個抬頭望著我、有著棕髮大眼睛、大大笑容的小男孩，就是以前的我。

我內心頓時對他充滿了不捨，因為我知道在他往後的人生中，勢必得面對那些不希望他存在、認為他需要接受「治療」的人們。我知道他將要經歷的那種傷痛；他是那個天真無邪的三年級生，還沒被別人問過：「你爸媽是做什麼工作的呀？」

反對同性婚姻者常常會提到同性伴侶的孩子們所必須經歷的種種掙扎與挑戰；我只想說：我們必須要經歷這些，是因為你們的緣故；我們必須經歷這樣的痛苦，完全是因為你們強加於我們身上。因為你們告訴我們同性婚姻是錯的、由同性伴侶所組成的家庭是錯的，你們也犯下了過錯——**你們**成為我們的痛苦。

想到眼前的小男孩將要面對及處理這些，我的心都碎了。我們仍無法讓他擁有免於恐懼、仇恨的童年。

這本書是獻給他的。

致謝辭

My Two Moms

道格拉斯．亞當曾寫道：「我可能到不了我想去的地方，但我想我最後會落腳在我需要到的地方。」寥寥數語，深得我心。

在這趟旅程中我到了好多地方，使整個事件始末能被詳實記錄下來、最後開花結果寫成了一本書；事實上，本書中途難產而無法完成的機率極大，但我們做到了。

感謝杰姬和泰莉。我對妳們的愛與感謝無法用任何言語形容；謝謝妳們教導我各種價值觀念，賦予我豐沛的愛與力量。

謝謝潔比，我真不敢相信妳即將要高中畢業了！看著妳逐漸長大、變成漂亮的年輕女孩，感覺既驕傲又不安；但我相信妳將會有神奇美妙的經歷。

謝謝尼克（以及所有捷維爾及奇佛家族的人），在我不切實際的時候，總是要我腳踏實地；你的友誼對我來說就是全世界。

謝謝米奇，在我最需要你的時候，你總是在我身邊、伸出援手。

感謝所有一路上我遇到的老師及心靈導師們：基奇女士，思克莉小姐，史密斯先生，喬．布里斯班，羅森先生，史文森小姐，亨利小姐，舒勞小姐，史都華先生，麥克．卡羅，奧爾曼小姐，戴維斯兄弟們，米尼威爾小姐，布雷茲與阿岡布萊特醫生等；這裡僅列舉幾位，聊表謝意。

謝謝史考特與麗莎，讓我知道「保守」不等於「心胸狹窄」；謝謝克里斯汀、路克和喬丹提醒了我，是愛成就了一個家庭。

謝謝艾倫．狄珍妮絲，佩雷斯．希爾頓，艾希頓．庫奇，羅西．歐唐納，羅倫絲．

歐唐納，湯瑪斯·羅伯特，瑞秋·梅道，尼爾·派崔克·哈利斯以及瑪莉莎·伊瑟麗姬賦予我發聲的力量及熱忱。

謝謝美國童子軍協會看重我媽媽們所教導我的種種價值觀念。

謝謝卡蜜拉·泰勒，克里斯多夫·克拉克，麗莎·哈德威，凱文·卡斯卡特，還有所有在浪達法律平權團體服務的人——以及原告們——是你們使 **Varnum** 一案上訴成功。

也謝謝所有全國性組織——人權倡議團體（**Human Rights Campaign**），家庭平等委員會（**Family Equality Council**），婚姻自由（**Freedom to Marry**），**COLAGE**[1] 以及其他數不清的組織——謝謝你們在全國各地持續從事吃力不討好的 **LGBT** 人權倡議工作。

在私人交情方面，我要謝謝班·蓋爾漢，肯尼·桑夏，杰·史崔耳，布萊恩·艾爾尼，凱西·雷納，琳西·高登，麗莎·強森，蘿拉·朵恩，依萊·普瑞思，艾蜜莉·舒利思汀，尼克·衛斯特卡德，瑪麗·瑪斯秋，愛荷華民主黨議員們，以及希·普雷司頓，謝謝你們慷慨大方的幫忙。

當然，也謝謝每一位看了線上影片，在臉書、推特等網路社群上分享，或與班級、

1 COLAGE〈Children of Lesbians and Gays Everywhere〉，由擁有 **LGBTQ** 父母親的人們所組成的團體。

家人分享的你們。在這社群媒體的新時代，我們可以利用網路的力量讓世界變得更美好。

謝謝威廉·史新格，梅根·紐曼，崔佛斯·強森以及瑞秋·郝斯曼預見本書的面貌，並編輯出版。

謝謝史登莫——我那努力不懈、棒呆了的經紀人；謝謝你相信我、相信這個故事的力量。為我們的第一部作品慶賀吧！也期待未來會有更多其他的作品。

當我坐下來開始寫這本書時，有個朋友說：「你知道嗎，也許這真的是命中註定。」我笑了，因為我不相信命運。然而，剛完成初稿的我忍不住想，也許史考特說得沒錯。此時此刻還很難下定論，但不管如何，謝謝你，史考特。

也謝謝布魯斯，去年（!!）[2]一整年真的很不可思議，沒有你的話，我根本無法走到這裡（甚至成為現在的我）；這趟旅程真是刺激又美好，而且我們才剛開始上路而已呢！

2　原書是二〇一二出版，去年指的是影片被瘋狂轉載的二〇一一年。

附錄

My Two Moms

十二個我最常被問的問題

1. 你是同性戀嗎？

如果你看完這本書後仍這麼問，那你一定跳過了幾頁沒看、或是有很強的選擇性記憶；不然就是你正站在書店裡，直接翻到這段來看。不論是哪一種情形，你完全錯過了本書的重點。不管我是同性戀、異性戀或雙性戀，不管我是高是矮、是男是女、是黑是白、順性別[1]或跨性別、勤奮上進或整天無所事事的人……全都無關緊要。

可能會令你有點震驚的是，我的確認識一些同性伴侶的孩子自己也是同性戀（但我同時也要指出同性戀最早是由異性戀父母生出來的）。我剛好是個積極上進、參與運動、出面為自己媽媽們辯護的學生，但這不表示——也不應該是是常態或標準。

沒有人會想把所有的時間都投注在為家人辯護這件事上，而我期待哪天我可以不再需要這麼做了。話雖如此，本題答案就在書裡，所以我建議你回頭看看去找出答案；當你找到時會覺得自己是個福爾摩斯！

2. 你的兩個媽媽中誰是「男的」？

這個問題我被問了好幾次，幾乎每一次我都會狂笑不已，絕大部分的原因是我很難把她們兩人想成是「男的」。我通常會用在網路上看到的巧妙比喻來回答——問我哪一個媽媽是男的，就好比走進一家中式餐廳，然後問哪一支筷子是叉子；這根本無法類比，因為是兩套完全不同的餐具。

3. 被女同志媽媽撫養長大是不是很不一樣？

當人們這麼問時，我發現他們並不是真的在問我的成長經驗。我想我們都知道，不會有什麼太大的差別，畢竟從有人類這個物種出現起，同性戀就已經在撫養小孩了——這跟六〇年代「同性戀」一詞在自由之愛、大麻的脈絡中被創造出來的情況完全不同。自一開始有了人類，同性戀即已存在，而不是直到最近才有同性戀撫養小孩、與另一位性向相同的人共組家庭。所以，這個問題其實不是在問「被女同志媽媽撫養長大的經驗」，而是在問：「身為一個男性，成長過程中沒有爸爸的經驗為何？」

4. 沒有爸爸的成長過程是什麼樣子？

我很高興你問了個好問題！我想我剛好能回應說明自己的確有個生理父親——就像世上每個人一樣，但我沒有爸爸。我覺得「父親」一詞是用來指稱生理上的連結，而「爸爸」則代表情感上的連結。我有些朋友是被領養的小孩，有的是一出生即被領

1 順性別（Cisgender）指的是一個人的生理、心理與社會性別皆為同一類別的狀態。

養，有的則是在幾年後；但對他們來說，所謂的爸爸媽媽不是生理父母親，而是那些情感上讓他們彼此相連的人們。因為是愛——而不是生理遺傳性的連結，定義並成就了一個家。

所以囉，雖然在我的成長過程中沒有爸爸，我想我的經驗跟許許多多由單親媽媽撫養長大的小孩差不了多少。柯林頓總統、藍斯·阿姆斯壯[2]、喬恩·史都華[3]、山繆·傑克森[4]都是在鮮少與父親接觸下的環境下長大，顯而易見地，他們也都好好的；當然啦，也有反面的例子如伊拉克前總統海珊與約翰·約爾克思·布思[5]，他們的人生中也都沒有父親。因此，這些例子正好說明了有沒有爸爸對一個人的人生來說幾乎沒什麼影響。

我是從朋友的爸爸身上學到怎麼刮鬍子的，這沒什麼了不起。但，如我在書中所詳述，我不需要有爸爸來教導我種種價值觀，因為我媽媽們已全數傳授給我了——從紀律、勇氣、毅力到善良、耐心、友愛等。簡單來說，我發現任何覺得女人無法教導自己的孩子什麼是紀律和勇氣的人，在自己的生活中都不怎麼認識或了解女人。

5. 你會想跟那位捐精者見面嗎？

不會。跟他邊喝啤酒邊聊聊會不會很有趣？當然。但我是否有一定要找到他的強烈渴望？沒有。我很感激他捐了自己的精子嗎？沒錯，完全正確。

6. 擁有一對女同性戀媽媽對你的感情生活造成何種影響？

如果有任何影響的話，絕對是受益良多。我很快就學到「什麼是女人」，和女性溝通對話時容易許多；我也很習於將馬桶的坐墊放下，因為從小就有人跟我說這件事很重要。有些人會問，我在交往關係裡會不會有「當男人」的障礙？首先，我覺得這個概念實在很過時，聽起來不像是二十一世紀會出現的問題。話雖如此，我仍是個滿好鬥的人，如果感到被耍了，我會毫不猶豫地戳破對方（包括重要的人）的謊話或不誠實之處。

跟所有的男孩（及女孩）一樣，對我來說談戀愛就像從一而再、再而三的錯誤中學習；但要是有人認為，只有被同性戀父母撫養長大的小孩會不知道怎麼追求另一伴，那就太天真了。

7. 那你跟其他男生的關係如何？

如同我在公聽會上的發言，沒有人會意識到我是由一對女同性戀媽媽撫養長大的。雖然私底下的我頗內向，只有一小群往來較為緊密的朋友，但我跟其他男生之間

2 藍斯·阿姆斯壯（Lance Armstrong），被喻為「單車之神」的美國公路自行車賽職業車手。
3 喬恩·史都華（Jon Stewart），美國知名電視主持人、脫口喜劇演員、作家，善於譏諷政治時事。
4 山繆·傑克森（Samuel L. Jackson），美國知名黑人演員、製作人。
5 約翰·約爾克思·布思（John Wilkes Booth），刺殺林肯總統者。

從未有任何衝突。當我還小時，有時會對別人的惡作劇過度反應（高中時有一次尼克和麥克從後車窗在我車廂內放了一隻死火雞，我整個人差點氣炸了）。不過，就像所有男生一樣，我高中畢業後就長大成熟了些。

我在團體中也從未有過任何人際關係上的困擾。我參與不少團隊或組織，也常擔任領袖的位置——球隊、演辯社、童子軍等等，從來沒有因為我媽媽的性傾向而跟他人產生任何衝突、或人際相處方面的問題。

8. 你真的相信你媽媽們的性傾向，對你的人格內涵沒有任何負面的影響？

是的，我的確因為公聽會上那次發言的最後一句受到不少「抨擊」，因為有人說我媽媽們的性傾向對我的人生有**正面**的影響；但我不覺得是這樣，我媽媽們和我妹也都這麼認為。有些人可能會說我在玩文字遊戲，但在認識許多同性戀後，我發現一個人的性傾向並不能告訴你他是個什麼樣的人。

很多同性戀終生待在自己的櫃子中，拿無數的藉口來自怨自艾。這樣的結果是因為他們的性傾向嗎？不，當然不是。然而，他們如果不是同性戀的話，會需要待在櫃子裡或是自怨自艾嗎？不需要。這就是差別所在：你是同性戀、你如何面對自己是同性戀，並不會形塑你的性格——但會顯露出你的性格。同樣的，我媽媽的多發性硬化症也是如此。我媽媽們對於自己是同性戀這件事的反應，取決於她們的人格內涵；而她們的人格內涵又是由父母、朋友及其成長的環境所形塑而定。所以，她們的親子教養方式也不是取決於同性戀的身份，而是因其人格內涵而定。

雖然如此，她們有沒有可能因為親身經歷多次他人對於同性戀的偏見，而對其他形式的迫害或歧視更為敏銳？當然。但這也不表示她們對此偏見的氣憤、敵意或反感，就一定跟她們所經歷過的歧視有關。我媽媽們的反應——以及她們教導我和妹妹接納、包容的美德——不是因為她們是同性戀，而是因為她們都是善良的人，在成長過程中受過正面良善的影響。

我和潔比還小時，我媽媽們花很多時間研究怎麼當個好家長，不是因為她們是女同性戀，而是因為她們想盡其所能、成為最好的家長。我會說，她們可能不是最完美的，但距離完美只差了那麼一點點。

9. 在你的成長過程中，誰是你的男性典範？

雖然我很不願意承認，但身為一個綠灣包裝工隊的球迷，布雷特．法弗有很長一段時間是我的偶像；但我可以很驕傲地說，我對他的崇拜很快就變成對阿隆．羅傑斯的欽佩和尊敬。事實上，我在愛荷華眾議院的公聽會上發言後的那個星期天，綠灣包裝工隊便贏得了第四十五屆超級盃冠軍，也許我應該多多在政府面前發言。

我也想指出，我媽媽們並沒有逃到某個全由女人組成的國度（抱歉啦，我已經查過了，世界上沒有這個地方）。要讓我在成長過程中不跟男性接觸實在不大可能，我從朋友們的爸爸、童軍團、童子軍以及從小到大的老師們身上看到不少男性典範。

但，更重要的是，我覺得我媽媽們教我要做個好人——你可以說我瘋了——但我覺得這比做個「好男人」或「好女人」要來得更有意義。

10. 被「沙龍」（Salon）網站選為二〇一一年第二性感的男人，你的感受為何？

老實說，我很期待這會為我的感情生活帶來戲劇性的改變，但目前還沒發生；不過不管怎樣，沒錯！這真是棒呆了！

開玩笑的啦，我的意思是，是很棒沒錯，但以下才是真正的第十個問題。

10. 如果有對同性伴侶領養你的小孩，你的感受為何？

我希望那對伴侶能承諾好好撫養小孩、陪在孩子身邊，並了解要成功將小暴君撫養成行為舉止合宜的年輕人，是一段血淚汗水交織的過程。但我是否會因為對方是同性戀，而對於他們撫養我的小孩抱持保留的態度？完全不會。

11. 你打籃球嗎？你是不是比上次我見到你時又長高了一點？

我不打籃球；沒有。

12. 美國童子軍協會公開宣稱同性戀行為與童軍誓詞、法規不符，並禁止不可知論者及無神論者參與組織，也拒絕同性戀及無信仰者擔任領導的位置。你怎麼能繼續支持、並對這樣的組織讚不絕口呢？[6]

這是個非常重要的問題。美國聯邦政府至今仍未認可同性結合的合法性，事實上，還積極打壓這件事。在不可知論者及無神論者的部分並非事實，但的確宗教文化主宰了美國的政治與法律。

在全國的層次上，美國童子軍協會的確歧視同性戀、無神論者及不可知論者；但是否具體實施，就留給各個在地的童軍組織自行決定。在我的經驗裡——我知道自己的經驗並非普遍現象——我遇到的伙伴都不在乎我媽媽們、或是我的性傾向；我也不願意丟棄我所有的經驗、所學習到的事物、及所依據生活的美德，只因為剛才提到的兩項缺點。

我想，比較好的方法是改變這些規定，而我希望這本書能帶來一些改變。我個人非常反對美國童子軍協會剝奪同性戀、無神論者及不可知論者的公民權，並承諾會確保不讓這樣過時、狹隘的規定毀了組織，將禍害遺留後世。

就好比我不會因為美國拒絕承認我媽媽們的婚姻，而決定要移居外國一樣，我也不打算因為美國童子軍協會不認可我媽媽們的關係，就退出童軍。畢竟，是女同性戀媽媽教導我及童軍伙伴們，要時時幫助他人、保持身體強健、頭腦清醒、道德高尚。

6 美國童子軍協會已於二〇一三年五月二十三日正式表決通過，解除同性戀不得參與童軍的禁令。

二　同性婚姻的辯論

關於：同性婚姻應該要合法化
或：常見的反同性婚姻論點，及如何反駁

「我想到了！如果你不喜歡《憲法》的規定，那離開就好啦。不要再把錢花在這裡了，不要在這裡繳稅。這是個民主的國家，《憲法》是這塊土地上的最高依據。」

在許多不同的情況及脈絡下，這的確是個不錯的觀點。我們有五十個不同的州，意味著有五十套不同的法律分別管理這個國家的人民；如果你不同意某一州的《稅法》制度，那就搬到另一州吧，這完全是合法的做法。

然而，這裡真正的問題是：這樣的法律是否公正？以前述的《稅法》而言，不大可能是不公正的，頂多是不利於住在那一州的人們。但是，若法律不公正，就有改變法律的義務。

禁止同性婚姻是不公正的，因為這剝奪了美國公民受《憲法》保護的婚姻權——美國最高法院裁決為**權利**而非特權；該禁令也違反了在法律之下人人平等的原則。

如果反對同性婚姻的人透過合法程序，能夠證明為何兩個男人或女人進入婚姻的法令是違法的話，那就是「不利」而非「不公正」的問題了。然而，在那之前，同性婚姻仍是關於平等保障與公民權的問題；因此，「離開就好啦」並不能改變不公正的法律。

「喔，我只是覺得政府不應該干涉婚姻！」

老實說，我也這麼認為。如果我能決定的話，我會把大家所熟知的結婚證書替換成「民事結合證書」。人們仍能在教堂或清真寺或寺廟或任何他們喜歡的地方結婚，但婚姻應要與宗教儀式分開來看；如果他們想要伴隨婚姻而來的公民權保障、福利、責任義務等，就到法院登記、取得民事結合證書，如同今日大家登記結婚證書一樣。

但是，這恐怕需要社會大眾在思考上、心態上的大幅改變才能辦到；若說**LGBT**平權運動應為此負責也不公平（同樣地，跨種族通婚也可能受到同樣的批評，但我們都清楚知道這麼說是不公平的）。我想，民事結合一旦普遍化，**LGBT**伴侶就不會受到異樣的眼光，但如果民事結合變成同性伴侶踏入婚姻的唯一選項，我們都會同意這麼做根本就是「平等但隔離」，而我們國家早就實施過了（「有色人種」專用的飲水機，記得嗎？）[7]。此舉完全行不通，而且根本就是錯的。

「婚姻是特權，所以我們有權利決定誰可以或不可以結婚。」

事實上，婚姻不是一項特權。讓我們說清楚：美國最高法院曾在具有里程碑意義的「Loving v. Virgina」一案中全體無異議通過，公民婚姻是一項公民權，如同法院判決紀錄寫道：「婚姻是人民最基本的公民權利之一。」

7 美國曾強制實施種族隔離政策，當時的政策包括白人只能喝右邊飲水機的水、黑人只能喝左邊飲水機的水，但兩邊飲水機的水來自於同一條水管。

雖然如此，我們生活在立基於《憲法》體制的國家中，所以的確有權利定義誰可以或不可以擁有婚姻權。這也就是為什麼我們可以把某些人關進監牢裡的原因；你犯了法，你就失去了自身的權利。但是，我們同時也在法律之下擁有平等的權利，所以在你剝奪他人的權利前（例如將某些人關進牢裡、或禁止某人與另一人結婚），你必須先上法院、透過合法程序，證明為何那人應被剝奪某些權利（例如他或她做了違法的事）。

這也是反對同性婚姻者沒有顧及之處。如果他們能證明同性戀對於他人有何負面的影響、證明同性戀在宗教信仰的定義以外是不道德的（畢竟我們在這個國家能自由選擇自己的宗教信仰）；如果他們能證明同性戀對小孩有害、或有不健康的影響，能證明同性婚姻摧毀了異性婚姻的神聖性，那就具有剝奪這些權利的理由。

但上述種種情形從未在法院中被證實過。事實上，在「Perry v. Schwarzenegger」一案中，為加州同性婚姻禁令辯護的律師，被法官要求回答為何同性婚姻對異性婚姻會有負面影響，而他只能鼓起勇氣承認：「我不知道，我不知道。」

「我們不需要引用資料或證明同性戀連帶著高健康風險。好比說，HIV在男同性戀之間的感染率比一般人高出許多，這是無可否認且眾所皆知的事實。」

當人們找到一個說服他人「同性戀很危險或不道德」的非宗教性理由，通常就會是這個說法。依據此論點，若你是同性戀，你就有傳染給別人HIV／AIDS等危險疾病的風險，因此表示法律應該要懲罰這樣的人，包括剝奪同性戀結婚的權利。

表面上看起來似乎是個很不錯的論點；但，一旦你開始挖掘真相，這些論述便會分崩離析。追根究柢而言，同性戀本身並不會導致 HIV／AIDS 的發生。如果有個女同性戀只是坐在沙發上，受到另一個女人深深吸引，她永遠也不可能感染某種致命的自體免疫性疾病；但如果有個 HIV 男性感染者和另一個男人或女人進行不安全性行為，那麼對方即有高度被感染的風險。

所以，如果你退一步來看這整個狀況，很明顯地，不安全性行為才是導致 HIV／AIDS 感染率增加的原因。更進一步來說，就醫學角度而言，進行肛交會增加感染性病的風險——這裡指稱所有透過性行為傳播的疾病，不只是 HIV／AIDS。這也就是為什麼女同性戀事實上是美國最不可能感染 HIV／AIDS 的族群，因為她們不大會有肛交性行為。

有趣的是，通常持此論調者——認為同性戀導致 HIV／ADIS 感染率上升、因此同性戀不該結婚的人，只看見在美國的情形，卻完全忽視世界其他地方。

在非洲，同性戀更是一項禁忌。很多國家的法令規定同性性行為是死罪；因此出櫃的同性戀非常稀少，更別說什麼「同性戀生活方式」了，但在美國卻有人堅信「同性戀生活方式」應為 HIV／AIDS 感染率負責。不過，非洲的 HIV／AIDS 感染率的確高居不下，那又是什麼原因呢？

肛交。因為在非洲，保險套非常難取得，許多**異性戀**伴侶為了要避孕而改採肛交性行為。若他們進行肛交的原因是因為沒有保險套，那可想而之的是，這些都是不安全的性行為。因此，若認為男同性戀更可能進行某種增加 HIV／AIDS 感染率的不安全性行為、所以不該結婚的話，那麼非洲的的異性戀婚姻也應該要不合法才對。

如果你徹徹底底想過一遍，以上的論點便不難理解。但不幸的是，人們大多只聽到「肛交」、「愛滋」或「同性戀」，然後就關上了耳朵。我可以了解為什麼有的人一想到這些就不舒服，但如果你的一票將會剝奪某些與你同為公民的人們的權利，那你的對「肛交」感到不舒服一點也不重要。

「這是對基督徒生活與禮拜的一種攻擊！」

這一題我讓史蒂芬．荷伯和喬恩．史都華來回答。

史都華：「我必須說，身為一個非基督徒，我很難相信基督徒在美國會是被迫害的族群。若情況許可的話，也許你們其中一人會被選為這個國家的總統——或是連續四十四任總統都是基督徒。但我的重點是，他們將此一進展視為迫害，不是因為覺得自己應有平等的地位，而是認為自己地位更高於別人。」

荷伯：「大家都知道同志運動的目標之一是為了不讓青少年同志死去……重點是，只要是以神為名，霸凌就沒有任何問題。若修憲通過的話，當一個密西根基督徒青少年把另一個青少年同志的頭塞進馬桶裡，你可以說他是在幫他進行洗禮。」

「你的演講根本毫無邏輯可言，全都是訴諸於情感的發言，而且很明顯你只是個例外，無法證明所有同性伴侶撫養長大的小孩都會很OK。」

我對此說法的回應分為兩個部分。第一，我確實採用不少情感訴求的方式，因為這是以情感為主的議題。愛荷華眾議院決定重新定義婚姻，只為了要排除像我媽媽們這樣的伴侶結為連理，對此我當然會有不少感受。但若因為這樣的發言觸人心弦、訴諸於他人的情感，便指稱其論點毫無效力可言，那就是忽略幾千世紀以來的論述。人類是情感的動物，否認情感在我們下決策過程中所扮演的角色，就是在否認我們與生俱來的人性。

第二，說我是唯一一個例外、所以不能證明所有同性伴侶都有能力撫養小孩，聽起來似乎是個強而有力的反駁；但同時也沒有考慮到以下我將要說明的論述觀點：

1. 同性情慾比異性情慾更不道德。
2. 因此同性戀比異性戀更不道德。
3. 因為同性戀比異性戀更不道德，所以較不適合撫養小孩。
4. 因為撫養小孩是婚姻中很重要的一部分，所以同性戀不應該結婚。
5. 因此，同性婚姻不應合法化。

如果反對同性婚姻的人願意承認，我是個健康、成功的孩子，那麼即凸顯出上述論點中主要的缺陷。說到底，此一論述不是說**有些**同性戀比異性戀更不道德、**有些**同性戀伴侶可以撫養小孩；它所陳述的意思完全相反：同性戀伴侶無法撫養小孩，**是因**

為他們的同性戀身份。事實上，這兩者根本不相關，就跟「同性戀不適合撫養小孩，是因為他們感染愛滋的風險較高」的說法一樣；這是個因果關係的論述是最容易被推翻的。只要有一個例外，就能推翻所有論述，而因果關係「凡人皆如此」的原則之上。同樣地，只要有一個小孩在「不受到」同性戀伴侶影響下長大，同性戀伴侶沒有能力撫養小孩的說法就不成立。

如果此論述改為有些同性戀伴侶沒有能力撫養小孩，那麼，沒錯，我的例子就起不了任何作用。**但那不是此論述的核心**；該論述的重點是，由於同性情慾本身使得同性戀更不道德，所以較不適合撫養小孩。但，你同時也得用一樣的邏輯來檢視，如果道德是婚姻的基礎，那麼並非所有的異性戀伴侶都符合此一道德規範，其中有些人一再通姦，且在每次婚外情過後，都能再度步入婚姻。但是我媽媽們呢？她們從一九九五年起就在一起了，卻始終被排除在外。

「小孩呢？小孩應該要有一個爸爸一個媽媽才對！」

首先，這是個愚蠢的論點，因為這說法來自認為政府不該插手干涉公民生活的人們。一旦爸爸或媽媽過世，政府會將小孩從單親爸媽身邊帶走、直到他們找到另一伴再把小孩還回去嗎？當然不會。單親爸媽領養小孩、或透過人工生殖的方式生養小孩是犯法的嗎？當然不是。

「就算我們無法達到最理想的境界，也不應該允許不理想的家庭成立，」通常就會有人跳出來這麼說。這當然也是很荒謬可笑的說法；理想家庭是指雙親都有穩定的收入，住在犯罪率低、有很棒的公立學校的區域，共組家庭的兩人彼此承諾要一起撫養小孩等等。但這不可能是每個人的現況，當家長無法符合這完美圖像時，政府當然也不可能剝奪他們撫養小孩的權利。

另外，沒有任何的證據顯示，單親家庭的小孩因為沒有爸爸或媽媽，就一定會比較差。有許多研究發現——里克·桑托倫很喜歡引用這些研究——這兩者之間是有其相關性，但沒有任何因果關係。畢竟，我和我妹、還有無數個由 **LGBT** 伴侶撫養長大的小孩，都順順利利地長大了（如果說真有什麼重大缺陷的話，那至今我們還沒發現、也沒有任何人發現。另外就是沒有人發現我是由一對同性戀伴侶撫養長大的）。通常這些研究的重點不在於父親角色的缺席、及小孩生涯發展較差兩者之間的相關性，而在於經濟環境較差與小孩生涯發展較差之間的關聯。客觀而言，貧困家庭很有可能是單親家庭；國內的經濟不平等才是真正的問題所在，而不是家庭中少了一個爸爸或媽媽的角色。

「等等，你不會覺得我很偏激，只是因為我認為所有小孩都要有一個爸爸和一個媽媽吧？會嗎？」

你可能也覺得我很偏激，因為我相信每個小孩都有權利擁有一個充滿愛的家庭。如同我在公聽會上的發言，以及我希望透過本書所說明，我相信是愛成就了一個家庭。

家庭，不是以誰生了小孩、或由小孩的生理父母是誰來定義；家庭，也不是從種族、宗教或階級是否一致的角度來定義。當孩子們上了大學、結了婚或搬到地球的另一邊，家仍然是家，永遠存在於世上某個角落。

「神說同性戀是罪，且婚姻是一男一女的結合。」

請你看看美國《憲法》第一修正案，《的黎波里條約》（The Treaty of Tripoli），以及所有美國最高法院與宗教自由相關的裁決。你的神可能告訴你婚姻僅限於一男一女的結合、而且同性戀是神所憎惡，但這不是個神權國家；這是個民主共和國，我們有選擇要信哪一位神、哪一套宗教信仰觀念的權利，只要這些信念不會傷害到任何人。

如同不少基督徒所指出，如果教會能強加自身的道德觀於國家之上，那麼國家當然也能強加其道德觀於教會；如果基督圖試圖強迫政府接受「同性戀是神所憎惡」的信念，那未來若有一天，政府告訴基督教教會照法律規定，同性戀應要能結婚、且沒人希望宗教自由因此被漠視——那也沒什麼好驚訝的。每個教會都有權利決定誰才適合進入婚姻；天主教教會不認可我媽媽們的婚姻，那是教會的權利，對我來說沒有任何問題，我不會把自身的價值觀強加於他們的教義之上，只要他們也不這麼做。我覺得尊重先人們建立國家時採用「政教分離」的制度，以及「己所不欲，勿施於人」，才是比較明智的做法。

三　外出共餐

在黑暗中我們發現自己，而一丁點的知識即能照亮我們的道路。

——尤達大師

「外出共餐」是一項全國倡議活動，由兩個非常簡單的概念所組成：第一，要歧視某個你已經見過面、認識的人，是非常困難的。第二，認識一個人最好的方式就是跟那個人一起吃飯。為了促進 **LGBT** 權利的對話與交流，我們不需要、也不會討論政治或宗教信仰，我們只是想一起用餐。

我堅信在十五年後，這個國家在回顧二〇一二年時發現有將近三十州的《憲法》修正草案都禁止同性婚姻，會為此感到困惑不已；我相信，這一切看起來會是一場天大的誤會。然而，雖然我是如此堅定地相信著，但我們仍必須謹記這一切不會自行發生。馬丁·路德·金恩博士告訴我們，宇宙的道德軌跡雖然漫長，但終將歸向正義的那一方；我們要好好記得這並不會光憑著它自身的意志發生，而要是要靠著人們起身行義，將軌道拉回正確的方向。

今天，我請求你們幫我拉一下那條軌道；我花了去年一整年的時間——也很有可能繼續下去——努力讓像我們這樣的家庭能擁有更美好的未來，而我知道這個運動有機會在我們國家內創造出真實、具有意義的對話，討論 LGBT 權利以及世界各地男男女女、大人小孩的生活。

請來拜訪我們的網站，上頭有更詳細的說明：www.OutToDinner.org[1]；我們非常歡迎、也很需要你的加入！

1　目前網站連結失效，有興趣的人可前往作者的網站 www.ZACHWAHLS.com。

積累
IO
丫莫蝸牛
PHOTO BY PIEZ
縛繩本事
小林繩露 著

近期新書

國家圖書館出版品預行編目資料

我的兩個媽 / 查克·華茲、布魯斯·利特菲爾
著. 廖彥喬 譯
-- 初版. -- 臺北市 : 基本書坊, 2014.02
264 面 ; 14.5*20 公分. -- (彩虹館 ; E004)
譯 自 : My two moms : lessons of love, strength, and what makes a family
ISBN 978-986-6474-52-1(平裝)
1. 母親 2. 同性戀 3. 家庭教育
544.141　　103000129

彩虹館系列 編號 E004

我的兩個媽 My Two Moms

查克·華茲（Zach Wahls）、布魯斯·利特菲爾（Bruce Littlefield） 著
廖彥喬 譯

責任編輯 刀 刀
封面設計 蔡南昇
內文排版 王金喵

企劃·製作 基本書坊
社 長 邵祺邁
編輯顧問 喀 飛
副總編輯 郭正偉
行銷副理 李伊萊
業務助理 郭小霍
首席智庫 游格雷

社 址 100 台北市中正區南昌路二段 112 號 6 樓
電 話 02-23684670
傳 真 02-23684654
官 網 gbookstaiwan.blogspot.com
E-mail pr@gbookstw.com
劃撥帳號：50142942 戶名：基本書坊

總 經 銷 紅螞蟻圖書有限公司
地 址 114 台北市內湖區舊宗路二段 121 巷 19 號
電 話 02-27953656
傳 真 02-27954100

2014 年 2 月 7 日 初版一刷
定價 新台幣 320 元

ISBN 978-986-6474-52-1

My Two Moms: Lessons of Love, Strength, and What Makes a Family
by Zach Wahls; with Bruce Littlefield